齟齬の誘惑

蓮實重彦

講談社学術文庫

いま、この書物の読者となろうとしているあなたに

何かを理解することと「何かを理解したかのような気分」になることとの間には、もとより、超えがたい距離が拡がっております。にもかかわらず、人びとは、多くの場合、「何かを理解したかのような気分」になることが、何かを理解することとほとんど同義語であるかのように振る舞いがちであります。たしかに、そうすることで、ある種の安堵感が人びとのうちに広くゆきわたりはするでしょう。実際、同時代的な感性に多少とも恵まれていさえすれば、誰もが「何かを理解したかのような気分」を共有することぐらいはできるのです。しかも、そのはば広い共有によって、わたくしたちは、ふと、社会が安定したかのような錯覚に陥りがちなのです。

だが、この安堵感の蔓延ぶりは、知性にとって由々しき事態だといわねばなりません。「何かを理解したかのような気分」になるためには、対象を詳細に分析したり記述したりすることなど、いささかも必要とされてはいないからです。とりわけ、その対象がまとっているはずの歴史的な意味を自分のものにしようとする意志を、その安堵感はあっさり遠ざけてしまいます。そのとき誰もが共有することになる「何も問題はない」という印象が、むなし

い錯覚でしかないことはいうまでもありません。事実、葛藤が一時的に視界から一掃されたかにみえる時空など、社会にとってはいかにも不自然な虚構にすぎないからであります。しかも、その虚構の内部にあっては、「何も問題はない」という印象と「これはいかにも問題だ」という印象とが、同じひとつの「気分」のうちにわかちがたく結びついてしまうのです。

実際、わたくしたちは、そのことで自分が変化する気遣いもないまま、あたりに何かの「問題」をみつけたり、何らかの「方法」でその「問題」を解決したりしているのです。「何かを理解したかのような気分」へと人びとを誘っているのは、いずれもそうした虚構の「問題」にほかなりません。それが虚構にすぎないのは、「問題」の解決が「問題」の側に起きる相対的な変化でしかなく、それを解決する主体は、そのことでいささかの影響も蒙ることがないと思われているからです。もちろん、それは社会の現実からは遠い振る舞いにほかなりません。社会に生きているわたくしたちは、何かを理解することで変化するのだし、当然、その変化は社会をも変容させる契機をはらんでいるはずです。ところが、「何かを理解したかのような気分」の蔓延は、そうした変化や変容の芽を、いたるところでつみとってしまいます。

いま、あなたが手にとられたこの『齟齬《そご》の誘惑』という書物は、「何かを理解したかのような気分」のそうした蔓延にさからうことをめざして書かれた文章からなっています。その意味で、「何かを理解したかのような気分」と何かを理解することとを隔てている距離を、あえて視界に浮上させようとする目的がそこにこめられているというべきかもしれません。社会は、「齟齬の誘惑」にみちているからこそ社会なのであり、「齟齬の誘惑」をたちきるあらゆる身振りは、他者とともにあるかのごとき錯覚の共有にしか貢献しないはずです。だが、知性は、そのことをいまなお記憶しているでしょうか。

目次

齟齬の誘惑

I　齟齬の誘惑

齟齬感と違和感と隔たりの意識

入学式式辞
一九九九年四月一二日（日本武道館）

よみがえりの儀式としての入学式

新入生の皆さん。あなたがたは、いま、東京大学の一員になろうとしておられます。それが、ここにおられる一人ひとりに、驚きにみちた豊かな体験を約束するものであってほしい。わたくしは、心からそう祈らずにはおられません。

外国からの留学生四一名を含めた三四二五人の若い男女を迎え入れることで、東京大学は、今年もまたその年ごとのよみがえりの瞬間に立ち会おうとしております。一八七七年、すなわち明治一〇年四月一二日という、いまから正確に一二二年前に生誕したわたくしたちの大学では、毎年、その創立記念日に入学式がとり行われることになっております。そうすることで、起源となった瞬間をともに反復しあいながら、同時に、新たな出会いをも祝福するというならわしを、ひとつの伝統としたのであります。その意味で、この入学式の機能が、たんなる歓迎の儀式につきるものではないことはおわかりいただけるはずです。その決して短くはない歴史を通して、この大学のいたるところで旺盛に展開されてきた知的な試みが、未来に向けてのさらなる充実をめざして、なお濃密な知的持続として維持されていることを改めて確かめあうという意図も、この儀式にはこめられているのであります。その限りにおいて、ここにおられる一人ひとりの男女は、それぞれに恵まれた資質と、やがて顕在化されることになるだろう個々の多様な才能に応じて、東京大学の予測しがたい未来の豊饒化に加担する主体として、この場に参列しておられるのです。あなたがたは、いまこの瞬間から、そうした積極的な個体として、自分自身を位置づけることができるはずなのです。どうか、そのことの誇りと責任とを、充分に自覚していただきたい。

何があなたがたをこの大学へと向かわせたのか、もとよりわたくしはその動機を詳しく知ることができません。しかし、それが、言葉には到底つくせぬほど複雑多岐にわたるものであろうことは、わたくしにも容易に想像がつきます。ここにおられる一人ひとりが、「新入生」という陳腐な語彙で総称されるのを晴れやかにこばむだろう多様な個体からなっていることを、わたくしは体験的に知っているからであります。あなたがたを迎え入れようとしているこの大学もまた、いわゆる「東大」という略称で人びとが思い描きがちなイメージには到底おさまりがつかぬほど大胆かつ繊細な構造におさまり、慎重さをいささかも排除することのない斬新な賭けの精神を露呈させるいくつもの断片や細部からなっております。あなたがたの異質な多様さとわたくしたちの大胆な繊細さとが出会おうとしているいま、あらゆる人にその遭遇を祝福する確かな主体として振る舞っていただきたい。ここにおられる一人ひとりの若い男女に、そうした積極的な姿勢を期待しております。

「異なるもの」への驚き

新たな出会いに向けて祝福の挨拶を送ろうとしているわたくしは、いま、この壇上に、いくぶんか息苦しい思いで立ちつくしております。この会場にみなぎる無償なまでの若さを受け止めながら、それに気おされまいと、つとめて身構えざるをえないからであります。また、この会場の三〇〇〇を超える座席を埋めつくしたあなたがたの存在の、ものいわぬが故にかえって嵩をます濃密な気配にも、いささか緊張せざるをえません。そこには、全科目を点字で受験して合格するというわたくしには想像もつかない作業を見事にやってのけた新入生が一人おられます。その方も、このせきこんだ語調から、わたくしが陥っているただならぬ緊張ぶりを察しておられるものと思います。

わたくしは、いま、わたくしの心と体とをとらえている極度のこわばりを、あえて隠そうとは思いません。むしろ、この緊張を、一つの解読さるべき記号として、あなたがたに受け止めていただきたいとさえ願っております。というのも、その緊張に向けて存在をおしひろげ、その波動に身をゆだねることそのものが、こうした儀式に特有の時間と空間のもとで成立するコミュニケーションの一形態にほかならぬからであります。そもそも、儀式とは、見せかけの華麗さが空疎な形式を視界から一瞬遠ざけることで成立する、壮大な退屈さの同義語ではありません。通過儀礼の一つとして、とりあえずは耐えておくべき無駄な時間でもありません。なるほど、日本における儀式の多くは、そうした印象を与えかねない単調さをことさら恥じてはいないかにみえます。また、そこでは、日常のさりげなさからは思いきり遠い公式の言葉が仰々しく口にされがちであります。しかし、本来、儀式の場に流通する言葉には、気心の知れた仲間同士の親しいうなずきあいとは異なる外部の力学が働いており、それが有効に機能した場合、そこには、共感とは異質のある種の齟齬感が、同調からくる納得ではにわかに処理しかねる違和感が、あるいは、親密さではなく、むしろそれをこばんでいるかにみえる隔たりの意識が、意味の生成に深くかかわるものとして浮上してまいります。いま、あなたがたにあえて緊張の共有を求めたのは、わたくしと同じ状況に身をおいてほしいからではありませんし、それを想像の世界で鮮明に思い描いていただきたいからでもありません。むしろ、それがきわだたせる隔たりの意識に触れ、そうした記号にも、何らかの社会的な意義がそなわっていることを理解していただきたかったからにほかなりません。

ある言語学者は、言葉の二つの機能として、普遍的な意味を担う言語記号と、具体的な発話にともなう社会的な意義とを区別いたしました。後者を「指標」と名づけたのでありますが、儀式とは、社会的な意義としての「指標」が無視しがたい役割を演じる舞台なのです。実際、社会とは、いくつもの齟齬感や、違和感や、隔たりの意識が複雑に交錯しあう苛酷な空間にほかなりません。そこでの言葉は、あらかじめの同意の確認を目的としてはおらず、普段は隠されていながらもそれが総体として機能するのに不可欠なもろもろの異なった要素の組み合わせを、すなわち、複数の差異をきわだたせる役割を担っております。社会の維持とその好ましい変化にとってとりわけ重要な機能を演じている大学もまた、その例外ではありません。そこで求められている身振りは、ごく自然な共感でも安易な同調でもなく、科学的な思考や芸術的な振る舞いを始動せしめる本源的な力としての差異、すなわち「異なるもの」を前にして、そのつど新鮮な驚きを生産しうるしなやかに開かれた好奇心だからであります。

いま、わたくしが、東京大学総長という社会的な役割に自覚的なあまり、いくぶんぎこちない口調で祝福の言葉を語らざるをえないのは、もちろん、年長者による若さへの嫉妬からではありません。また、若くあることへの手放しの擁護を無理に目論んでいるからでもありません。相対的な若さは、それ自体としてはいささかも「新しく」はないからであります。社会には、あるいは、むしろこの世界にはというべきでしょうが、相対的な聡明さによる対象の把握能力だけでは対応しかねる不自然な事態に充ちあふれております。不意にそうした事態との遭遇を余儀なくされるとき、人は持ち合わせの知性だけでは対処しがたい齟齬感と、違和感と、隔たりの意識に深く戸惑い、苛立ちを覚えるしかありません。若さとは、そのような苛立ちをみだりに遠ざけることなく、率直な驚きとともにその不自然さを受け入れようとする、年齢とは無縁の資質にほかなりません。「それぞれの年齢は、それにふさわしく開く花々を持っている」と書いたのは、フランスの作家マルセル・プルーストであります。若さとは、それぞれの年齢にふさわしく花々を開かせる潜在的な好奇心の有無の問題です。大学は、その潜在性を顕在化させるための特権的な環境以外のなにものでもありません。

わたくしのぎこちなさは、何よりもまず、新入生という社会的な身分にふさわしくこの場に列席しておられるあなたがたの一人ひとりが、わたくしにとって自然なものではなく、どこかしら不自然な表情におさまっていることへの隔たりの意識からきております。総長として毎年この儀式を主宰すべき立場にあるわたくしがまたしてもとらわれている居心地の悪さは、新入生という語彙で一般化されながら、なお昨年のそれとは微妙に異なっている不特定多数の多様な個体と遭遇しえたことの率直な驚きと、なお驚きへの好奇心を失わずにいる自分自身の若さを確認しえたことの、鈍い誇りの表現にほかなりません。微妙ではありながらも何かが決定的に違っている対象を前にしたときの驚きは、齟齬感や、違和感や、隔たりの意識を煽りたてる対象への深い敬意を前提にしております。知性のみなぎる環境としての大学は、このように、知性をふと逡巡させかねない驚きをとどめた環境でもあります。自然なものと見えながら、同時に不自然なものとしても立ち現れてくるこの大学という環境に、どうか親しんでいただきたい。それと同時に、そこに含まれている決定的に親しむことのできない過剰な何かへの感性を、たえず維持しておいていただきたい。そうすることで、あなたがたに恵まれた相対的な若さを、真の「驚き」として不断に生成しつづけることができるからです。

今日、いたるところで問題となっているあの「国際化」という言葉を真の体験として生きるためには、おそらく、相対的な若さとは異なる「驚き」への感性が必要とされます。国際的な相互理解などという美辞麗句に、間違ってもだまされてはなりません。その言葉が美しく響くのは、観念の領域にすぎないからです。実際、具体的な国際性とは、野蛮と呼ぶほかはない不幸な推移を示している現在のコソボ情勢がそうであるように、無数の差異がまがまがしく顕在化される苛酷な空間にほかなりません。そこでは、たえず齟齬感や違和感の的確な処理が求められ、さりげなさを装った外国語での流暢な会話能力など、いかほどの役にもたちません。国際的な交渉の場で要求されるのは、いま、この儀式の会場にはりつめているような緊迫感にたえつつ、いくえにも交錯する隔たりの意識を丹念にときほぐしながら、なお、言葉を放棄せずにおくという執拗さにつきております。その執拗さが差異への敬意を欠いた場合、「国際化」などという概念は、たちどころに抽象化され、意味を失うほかはありません。大学も、たえずそうした抽象化に陥る危険をはらんだ環境だということを、あらかじめご理解ねがいたい。

初代総長の卒業式式辞――「諸君」への齟齬感

すでに述べたように、あなたがたを迎え入れたばかりの東京大学は、いまから一二二年前に創設された、日本でもっとも古い国立の大学であります。わたくしは、一八七七年という歴史的な年号にあえて言及しておきましたが、それは、この高等教育の機関が生きてきた歴史の相対的な古さを誇るためではありません。わたくしとしては、むしろ、あなたがたが、一九世紀という時代にどんな思考を投げかけているのかを知りたく思い、この年号に触れてみたのであります。二一世紀の到来が目の前に迫っている二〇世紀末の日本の若い男女は、明治一〇年という過去の一時期を、どのようなものとして思い描いているのか。それは、遠いといえば遠い過去の一時期であります。だが、中世に知のギルド的な集団として生まれたボローニャ、パリ、オックスフォードなど、ヨーロッパの主要な大学の創設の時期にくらべてみれば、それは驚くほど現在に近い過去だともいえます。その意味で、東京大学は、相対的な古さと相対的な新しさとを同時に身にまとった組織だということができるでしょう。では、遠くもあれば近くもある過去という現実を、あなたがたの知性はどう処理するのでしょうか。

一二二年前の日本が生きていた現実や、それをとりまいていた複雑な国際情勢などは、おそらく教科書の知識としては心得ておられましょう。だが、そのことは、ここにおられる一人ひとりが相対的に聡明な存在だということしか意味してはおりません。あなたがたは、はたしてその時代を、具体的なイメージとして想像しつつ、自分の生きた体験とすることができるでしょうか。あるいは、その瞬間から今日にいたる一二〇年余の時間を、どのような現実として受けとめることができるのでしょうか。そのとき、違和感や齟齬感が生じ、知性が頼りなく揺らぐことはないでしょうか。そう問うてみるわたくしは、むしろ、あなたがたのうちで、知性がふと揺らぎ始めることを期待しているのです。

一八七七年の四月一二日、東京開成学校と東京医学校の合併により、法・理・文・医の四つの学部からなる東京大学が誕生いたしました。教室の照明はアセチレン・ガスによるもので、校舎は神田の一ツ橋にありました。そのとき、西郷隆盛の挙兵に始まる西南戦争はいまだ決着をみておりません。近代化への歩みをおぼつかない足取りでたどり始めていた当時の日本は、議会制度はいうまでもなく、いまだ憲法さえ持たぬまま、もっぱら藩閥的な元老院議員たちの議論にしたがい、国土の中央集権化への基礎を難儀しながら築こうとしていたところです。それは、西ヨーロッパの列強の拡張主義による海外投資の増大が競い合って植民地分割をおしすすめ、世界の資本主義がようやく帝国主義的な段階にさしかかったといわれる時代であります。やがて、近代国家としての日本が、不可避的にそうした流れに巻き込まれてゆくことになったという事実も、おそらく知識としてなら心得ておられましょう。だが、その知識と、あなたがたがいま生きている時間とは、齟齬感なしに交錯しあうでしょうか。相対的なものにはとどまりえない絶対的な聡明さによって、事態を処理しうるでしょうか。

日本の首都となって一〇年が過ぎたばかりの東京で、わたくしたちの大学が正式に発足したころ、明治二六年、すなわち一八九三年に文科大学を卒業することになる夏目漱石は、幼少期をすごしていたにすぎません。オランダの画家ヴァン・ゴッホはまだ南フランスの太陽と出会ってはおらず、いまなら誰もが知っているあの原色の絵の具で、キャンバスを大胆に彩るにはいたっておりません。いまのあなたがたとほぼ同じ年齢で傑作『地獄の季節』を書きあげてしまったフランスの詩人アルチュール・ランボーは、すでに詩作を放棄し、世界を放浪しております。熱烈に擁護したリヒアルド・ワーグナーとの訣別をはたしたばかりのドイツの哲学者フリードリッヒ・ニーチェは、そろそろ晩年の狂気を準備し始めていたところです。亡命先のロンドンで執拗に書き継がれたカール・マルクスの『資本論』は、その第一巻こそ刊行されていたとはいえ、フリードリッヒ・エンゲルスの手にゆだねられた残りの分冊は、いまだ日の目をみておりません。そのとき、真の二〇世紀文学の傑作とみなされるべき『ユリシーズ』の作家ジェームス・ジョイスも、『変身』の作家フランツ・カフカもまだ生まれてはおらず、『失われた時を求めて』の作家マルセル・プルーストだけが幼年期を送っていたにすぎません。エドムンド・フッサールの現象学も、アンリ・ベルクソンの哲学も、フェルディナンド・ド・ソシュールの一般言語学も、ジグムンド・フロイトの精神分析学も、エミール・デュルケムによる社会学も、ヨーロッパの知的風土にはまだ姿を見せてはおりません。アインシュタインの相対性理論が世界の物理学に衝撃を走らせるのは、さらに後のことです。そうした分野での理論の確立されるより遥か以前に、東京大学がすでに地上に存在していた事実を、あなたがたは自然なことと納得されるでしょうか。

　自然なことといえば、わたくしは、この式辞の中で、自分自身を「わたくし」という言葉で名指すことにいかなる不自然さも感じてはいない人間です。また、新入生に対し「あなたがた」と語りかけ、ときに「皆さん」と呼びかけることもごく自然な言動だと思っております。そうすることが、体験として肉体化されているからにほかならず、そこにいささかの違和感もありません。しかし、この大学では、初代の総長以来ほぼ一一〇年もの間、現在は文部大臣をつとめておられる第二四代総長の有馬朗人先生にいたるまで、入学式で新入生を前にするとき、一貫して「諸君」という言葉で呼びかける習慣を持っていたのであります。そして、そのことに、ある種の齟齬感がつきまとうのを、わたくしは否定することができません。総長が自分自身を名指す場合の言葉としては、明治中期の「余」から始まり、「本職」といった客観的な呼び方も使われながら、明治中期と後期には「余」と「我輩」とが混在しており、大正期から昭和期にかけて「私」がようやく日常的な語彙として定着するという、比較的自然な変遷をたどることができます。だが、この「諸君」という一語となると、それは明治、大正、昭和を通していささかの変化もみられず、平成の初めまで維持されておりました。この一人称の「余」と二人称複数の「諸君」とが陥っている歴史的な不均衡は、何を意味しているでしょうか。一方は時代とともに変遷し、他方はほとんど変化せずに継承されていたという事実は、何を告げているのでしょうか。

一八八六年、すなわち明治一九年、大日本帝国憲法が公布されるより三年前に発布された帝国大学令によって、東京大学は帝国大学と改称されるにいたります。そのとき新たに加わった工部大学校をも含めた五つの分科大学を総括するものとして、それまで総理と呼ばれていた責任者にかわって、初めて総長という職がこの大学に登場することになったのでありす。初代総長には、東京府知事をつとめたことのある渡辺洪基が任命され、いらいわたくしまで、合計二六人の総長を数えております。

ところで、『東京大学百年史』に資料として収録されている明治一九年七月一〇日の卒業式の式辞によると、初代の渡辺総長が「余」と「諸君」という一組の言葉を入学式の式辞に定着させていることがわかります。その冒頭の部分を読んでみますと、「今日ハ正ニ是帝国大学ノ創立及余カ光彩アル帝国大学総長ノ職ニ就キシ以来最初ノ一大節日ニシテ諸君ノ出座ヲ以テ茲ニ此ノ式ヲ開クヲ得ルハ余カ無上ノ栄誉及快楽トスル所ナリ」となっており、あえて指摘するまでもなく、これは文字通り言文一致以前の漢語文脈的な日本語であります。漢字いがいの部分は濁点なしの片仮名で書かれており、句読点もふられてはおりません。その意味で、現在のわたくしたちにとってはいささか不自然な文体ではありますが、当時はそれがごく自然なものであったろうと類推することは可能です。ただ、今日のわたくしにとって、そこに使われている「諸君」という言葉だけは、死語同然の古びた響きをおびており、ある有名な出版社の発行しているごく紙質の悪い月刊雑誌の題名としてしか、その実例を思い浮かべることのできない語彙であります。にもかかわらず、わたくしの前任者にあたる第二五代総長の吉川弘之先生が初めて「皆さん」という呼びかけを口にされる瞬間まで、東京大学の総長は、一人の例外なく、創立以来一世紀余にもわたって、新入生を「諸君」と一貫して呼びつづけております。

わたくしは、その事実を発見して、鈍い衝撃を覚えずにはおられませんでした。そこには、ことによると、日本語における二人称的な呼称の使用への留保的傾向といった現象が介在しているのかもしれない。あるいは、女性の新入生が比較的少なかった時代の残滓なのかもしれない。いずれにせよ、この「諸君」から「皆さん」へのごく最近に起こった変化の中に、わたくしは歴史のある断面における変化が作動していることを実感せずにはいられません。このように、歴史は、たった一つの些細な言語記号のほんのわずかな配置のずれとしても露呈されるものなのです。それを不自然として驚くこともまた、東京大学一二二年の歴史を知識以上の何かとして肉体化するための一つの契機にほかなりません。

もちろん、持続と変容とがつむぎあげる歴史の諸相は、それより遥かに見えやすい細部をたどることでも、充分に把握することができます。例えば、初代総長渡辺洪基の式辞が言及している卒業者数などがそれにあたるかもしれません。「今日分科大学ノ卒業証書ヲ得ルノ栄誉ヲ有シタル者ハ法科大学ニ於テ十一名医科ニ於テ三名工科ニ於テ二十六名文科ニ於テ三名理科ニ於テ六名以上四十九名」と述べられているように、帝国大学の第一回卒業生の総数は五〇名にもみたないものでした。その数を、昨年度の卒業生三六一五名と比較して、そのあまりの違いに大袈裟に驚いてみても始まりません。発生期の国立大学がこの程度の規模だったことは、ある種の類推にしたがって想像できないわけでもないからです。問題は、文字通りのエリートといってよかろうこの選ばれた少数者に向かって、「大学院ニ入ル者ハ其ノ企画スル所ノ学科ノ蘊奥ヲ攻究シテ弥々其ノ幽玄ヲ闡発シ合セテ国家ノ富強文明ヲ致セヨ」と渡辺総長が述べていることです。さらに「将来益々分科大学及大学院卒業ノ学生多クヲ加ヘテ国家ノ須要ニ応シ我カ社会制度ノ辺隅ニ至ルマテ学問ノ経綸到ラサル所ナキニ至タル」と語る総長が、「国家ノ富強文明」だの、「国家ノ須要ニ応シ」といった言葉をごく自然に口にもされていることが問題なのです。

それは、帝国大学令に読むことのできる「国家ノ須要ニ応スル学術技芸ヲ教授シ、及其蘊奥ヲ攻究ス」という精神にも通じる官立大学の理念にほかなりません。また、同じ卒業式で挨拶に立った内閣総理大臣伊藤博文が「一個人ノ知識ハ拡充シテ一国ノ知識ト為リ一国ノ知識ハ輿国知識相互ノ道ヲ啓キ四海会同親交ノ基亦之ニ因ル」と述べていることにも通じているでしょう。伊藤博文は、さらに、「列国ノ交渉ニ於テモ文明諸国ト比肩駢馳セント欲スル道ハ専ラ知識ヲ啓発シ学術攻究シ敢テ一歩ヲ後レサルコトヲ競フニ在リ」という言葉で、懸案だった不平等条約の改正の処理にあたっても、官立大学出身の少数者の高度な知識と着実な振る舞いとに、期待を寄せております。時の総理大臣が、たった五〇人にもみたぬ帝国大学の卒業生を前にして、かくも大袈裟な言葉で熱い期待を述べていることに、二〇世紀末に生きるわたくしたちは、ある種の齟齬感を覚えずにはおられません。だが、そうした事態がいまでは想像もつかぬほどの現実味をおびていた時代が、この東京大学の歴史には間違いなく存在していたことは、理解できます。ことによると、そうした期待と、それに応えた卒業生のその後の活躍なくしては、現在日本の繁栄などありえないとさえいえるかもしれません。そんな事態が煽りたてる隔たりの意識を、あなたがたはどう処理されるでしょうか。初代総長が口にしたほどのあからさまな国家的な期待を、「諸君」と呼びかけられても不思議ではないあなたがたに投げかけようとはしていないわたくしの式辞を、あなたがたはどのように聞き届けられるのでしょうか。

一九世紀的二項対立構図の虚構性

もちろん、東京大学の歴史は、その後も、ときに危機的なものでさえあった政治状況と対峙しながら、多くの変遷をたどることになるでしょう。その名称も、時代に応じて、東京大学から帝国大学へ、さらに東京帝国大学からふたたび東京大学と、目に見えた変化をくぐりぬけております。だが、その歴史を、ここで詳細にたどることはいたしません。にもかかわらず、わたくしがあえて初代総長の卒業式の式辞に言及したのは、いま、この場で創設の記念日の年ごとの回帰を祝福しつつある東京大学の、あなたがたを含めたわたくしたち一同が、遠くもあれば近くもあるその起源となった瞬間を、どのようにして受けとめることが、大胆にして繊細な知の空間に身をおいたものにふさわしいのかを考えてみたいからにほかなりません。

わたくしは、そうした問題をめぐって自分なりにいだいている視点を、ここで詳しく披露することはいたしません。ただ、近代国家のさまざまな制度の一つとして世界各地に大学が生まれたり、再編成されもした一九世紀という時代を、人類がいまだ充分には処理しきれておらず、そのことが、日本をも含めた世界のさまざまな場所で、いまなお無視しがたい複雑な混乱を惹き起こしているということは指摘しておきます。そうした混乱のほとんどは、ごく単純な二項対立をとりあえず想定し、それが対立概念として成立するか否かの検証を放棄し、その一方に優位を認めずにはおかない性急な姿勢がもたらすものです。そうした姿勢は、それが当然だというかのように、他方の終焉を宣言することで事態の決着をはかろうとするもので、西側の勝利による冷戦構造の終結といった粗雑な議論がそうであるように、現実の分析を回避する知性の怠慢を証言するのみであります。実際、現在のコソボ情勢など、東西対立とその終焉といった概念だけで事態を処理できると錯覚していた知性の怠慢が、高いつけを払わざるをえなくなっている実例にほかなりません。

今日の日本社会を疲弊させているのも、それを思わせる虚構の二項対立をめぐっての不毛な議論であります。バブルがはじけたという粗雑な比喩である状態の終息に言及しながら、誰もが何かの終わりを口にすることで事態の収拾をはかろうとしているのですが、知性が議論の場からあっさり撤退させられることで、いまでは「終わり」が目的化してしまい、誰もその趨勢をおしとどめることができなくなってしまっているのです。そうした議論の論点をいささか図式的に整理するなら、帝国大学の第一回卒業式で、総理大臣伊藤博文と総長渡辺洪基がこぞって口にしたごく少数の卒業生に対する過剰なまでに熱い期待の表明が、いまや時代遅れのものとなっているという一点にすべてが還元されております。それは、ある意味で正しい視点でありましょう。事実、わたくしも、そうした国家的な期待をここでは表明してはおりません。当初は五〇人にみたなかった卒業生が三〇〇〇人を超えるようになったいま、東京大学はもはや国家的な期待を独占する選ばれた者たちのためのエリート校ではなく、まぎれもなく大衆化された大学の一つにほかならないからであります。また、そのときは一つしかなかった官立大学がいまでは九九校も存在するという事態の推移につれて、現在の日本社会の必要としている国家像が、東京大学創立当時の国家の概念とは、明らかに異なる性格をおびるにいたっているからです。

問題は、そうした議論の周辺にかたちづくられる二項対立の構図の虚構性と、それが前提としている検証ぬきの結論にほかなりません。一国経済からグローバリゼーションへ、国営から民営化へ、法人資本主義から市場原理へ、終身雇用から人材の流動へ、模倣から独創へなど、こうした現代の日本で主題化されている二項対立は、いずれも後者の優位を前提として語られております。官の時代が終わり、民の時代が始まるといった議論が、模倣の時代から独創の時代へといった耳触りのよいスローガンとともに、事態の検証を欠いた粗雑さで、まことしやかにささやかれております。国家公務員の二五パーセント削減といった、諸外国の識者が耳を疑うしかないような数値目標や、最終的には民営化をめざした国立大学の独立行政法人化という議論が盛んにされているのも、そうした文脈においてにほかなりません。

一見、正論であるかに響くそうした議論は、肝心な問題を巧妙に隠蔽しております。例えば、文化省が独立した官庁として存在していないがゆえに、芸術家たちの個人的な華々しい活躍にもかかわらず、国家としての日本の文化的なプレゼンスが世界でも相対的に低く、それが、外国に比べてただでさえ少ない国家公務員の中でも、文化を専門とする公務員の数の極端な少なさに正確に対応しているという深刻な事態は、責任ある人たちによって議論されたためしがありません。また、世界でも例外的に私立大学が多く存在するアメリカにおいてすら、高等教育に投資されている予算の国民総生産あたりのパーセンテージが、日本のそれより遥かに高いという事実も無視されたまま議論が進んでしまっております。そこには、国家の時代は終わり、市場原理を基礎にした民間の活力に頼るべき時代が始まったとする実態の検証を欠いた二項対立の構図ばかりが浮かびあがってきます。だが、何かが終わったという宣言で事態を処理しようとする考え方そのものが、一九世紀以来の悪しき思考停止のパターンにほかならず、そこからいかにして自由になるかという議論がなおざりにされてしまうのです。

近代とは、何ごとかの終焉を語ることで奇妙に安定する社会にほかなりません。いま、わたくしたちが批判すべきは、官の時代か民の時代かといった思考の見せかけの安定をあたりに波及させる一九世紀的な二項対立の図式にほかならないはずです。にもかかわらず、その構図を温存したまま改革が進められようとしているところに、混乱が生まれるのは当然でしょう。その結果、目的と手段の取り違えという知性にとっては恥ずべき混同が、いたるところで起こっております。人類が、いまだ一九世紀を処理しきれていないといったのは、わたくしたちがそうした事態に日々接していながら、その対処に知性が有効に使われている形跡が一向に認められないからなのです。

文化の領域で争われた「モダン」か「ポストモダン」かといった不毛な議論などもそれにあたります。例えば、合衆国の歴史学者イマニュエル・ウォーラステインは、「一九世紀的な学問」のパラダイムは終わったといささか性急に宣言しております。他方、「近代」を終わりなき「未完のプロジェクト」と定義するドイツの社会学者ユルゲン・ハーバーマスのような学者もおります。だが、すでに終焉しているか否かをめぐるこうした二者択一が、一九世紀に注ぐべき視線を真の意味で知的に鍛えるかどうかは、大いに疑問であります。それこそ、一九世紀的な思考パターンを無批判に継承するものだからです。一つの対象であれ、一つの現象であれ、あらゆる事態には変化する側面と変化しない側面とがそなわっており、その機能と構造とを把握するには、一方の見せかけの優位に惑わされることなく、総体的な判断へと知性を導くゆるやかで複合的な視点が必要とされているはずです。

とりわけ、われわれがいまなおその恩恵に浴している多くの近代的なシステムが構築された一九世紀に対しては、そうした姿勢で接しなければなりません。フランスの哲学者ミシェル・フーコーは、一九世紀という時代を、「いまなおわれわれの同時代でありつづけている一時期」、「われわれがまだそこから立ち去りきってはいない一時期」といった婉曲な表現を使っております。わたくしも、何かが終わったか否かに言及する性急さを回避し、総体的な視点を可能にする、ゆるやかで複合的な思考をさらに鍛えるべきときがきていると思います。そうすることで、「それぞれの年齢は、それにふさわしく開く花々を持っている」というすでに引用したプルーストの言葉が初めて現実味をおびてくるはずです。社会も、その発展のあらゆる段階で、それにふさわしい花を開かせることが可能なものなのです。だが、いま、人びとは、経済不況期には開くべき花などどこにもないと信じきっているかのように、虚構の二項対立による「終わり」の宣言ばかりを急ぎ、不毛なペシミズムから抜け出せずにおります。それが、いまだ一九世紀を充分に処理しえずにいることからくる混乱にほかなりません。そうした思考のパターンにおいては、一八七七年四月一二日の東京大学の創立は、たんに豊かな伝統を誇るための口実とされるか、あるいは、現在のわれわれにはいかなる接点ももたない過去の出来事として、たんなる年代記的な記述の対象とされるしかありません。

「ランキング」では評価できない大学の「質」

新入生の皆さん。あなたがたは、わたくしが総長という立場にふさわしい祝福の言葉を一言も口にすることなく、この挨拶を終えはしまいかという危惧の念をいだかれているかもしれません。

実際、わたくしは、東京大学の入学試験に首尾よく合格されたあなたがたの類いまれな知性をたたえ、そのために消費された時間とエネルギーとをねぎらう言葉を、まだ語ってはおりません。あなたがたを背後から愛情こめてみまもっておられたご家族への感謝にみちた共感の気持ちも、口にせずにおります。ことによると、この挨拶の冒頭からそうしておけば、わたくしに課せられた役割のかなりの部分は気軽にはたされ、いたずらに背筋をこわばらせる理由はなかったのかもしれません。また、東京大学が、あなたがたの期待を受けとめるにふさわしい優れた高等教育の機関だということを、醜い自画自賛に陥ることもいとわぬ大袈裟な言辞で語っておけば、わたくしなりの公式の義務をつつがなく終えることができたのかもしれません。そうした言葉がおさまりがちな形式的な単調さを避けるための修辞学的な配慮として、ほどよく教訓的な挿話を、適度に啓蒙的な語調であれこれ変奏してみることも、わたくしに期待された役割の一つだったのかもしれません。にもかかわらず、わたくしは、齟齬感だの、違和感だの、隔たりの意識だの、一九世紀だのといった言葉を芸もなくくりかえすことに、この式辞の大半をついやしてしまいました。

わたくしが、あなたがたを受け入れようとしている東京大学における教育と研究の質の高さに、ほかの誰にも劣らぬ自信と誇りとをいだいているのはいうまでもありません。なお改善すべき多くの点の存在を認めつつも、この自信と誇りとはいささかも揺らぐことはありません。ただ、総長に就任して以後も放棄しえずにいる教育者としての倫理観と羞恥心は、無償の自画自賛に陥ることの醜さだけは許そうといたしません。つい先日も、そうした理由から、香港で発行されている英語週刊誌の編集長に、丁重な語彙を選択しつつも、内容としてはあからさまに喧嘩腰の手紙を書いてしまいました。

その週刊誌は、過去二年間にわたって、オーストラリアとニュージーランドをも含めたアジアの「大学ランキング」という企画を四月の初めに行っておりました。東京大学は、二年つづけてその第一位に選ばれております。それは、国際的に名誉なことかもしれません。だが、東京大学のよきパートナーであり、そこでの教育と研究の質の高さを確信している日本を含めたアジアの優れた大学が、他とは比較しがたい「質」の向上を求めて日夜努力をかさねていることを知っているわたくしは、「質」の問題を安易に「量」に置き換え、野球やサッカーのリーグ戦の順位かゴルフのスコアーのように、無数の大学の順位を数字の羅列で位置づけている無邪気なペシミズムには、驚き以上の屈辱感を覚えずにはおられませんでした。

もちろん、この種のランキングが、見せかけの真面目さが売り物の多くの商業雑誌によって、アメリカを中心として、ヨーロッパでも盛んに行われており、その事実を知らぬわけではありません。それが、予算や研究費や外国人の学生の獲得に必須のものだからという理由で、ほとんどの大学がこうした企画への参加を積極的に受け入れてもおります。こうした手軽な統計的手法による大学の「質」の評価には、アメリカ合衆国でも、スタンフォード大学の学長がすでに深刻な懸念を表明しておられます。にもかかわらず、その傾向はますます助長されており、ついにアジアにも波及したのです。かりにこうした事態をグローバリゼーションと呼ぶのであれば、それは、すでに多くの人が指摘している通り、普遍的な原理を欠いたマスメディアの流行現象でしかありません。知性がその成果を正当に評価する以前に、「ランキング」ばかりが独り歩きしている現状を、大学がいつまでも容認するはずはないからであります。あと一〇年ほどはこの不幸な状態が続くでしょうが、やがて、市場から駆逐されてゆくことは間違いありません。

数値には還元されることのない「質」の評価を、安易に「量」の計測にゆだねてしまうという態度が哲学的な錯誤以外の何ものでもないことは、アンリ・ベルクソンの哲学いらい多くの人が認めております。にもかかわらず、本年度の企画への参加を、エクスクラメーション・マークつきのCongratulation! という単語で無邪気に書き始めている編集長の手紙には、齟齬感を超えた深い絶望を覚えずにはいられませんでした。

もちろん、わたくしは、外部の人間による大学の「質」の評価に反対なのではありません。それどころか、東京大学は、こうした外部評価を、他の大学にさきがけて率先して受けております。これからはそれがますます盛んになってゆくだろうし、それを公開することは、税金によってわたくしたちの教育と研究を支えてくれる国民に対する当然の義務だとさえ思っております。わたくしがどうしても容認できないのは、「アジアの大学ベスト50ランキング」といったあからさまにスポーツ・ジャーナリズム的な手法が、大学を語るのにごく自然なものであるかのようにいたるところで採用されていることの不自然さであります。その不自然さを、必要悪として、あるいは知的な遊戯として容認するという態度もないではありません。それに耐えてみせることが、成熟した姿勢だという人もいるでしょう。だが、人間の思考は、いつでもそのようにして頽廃してゆくものなのです。そして、知性の名において、その頽廃にさからわねばならないというのがわたくしの考えなのです。

教育者の倫理として、また知的な羞恥心として、それを受け入れることができないわたくしが、総長としての責任で、英語週刊誌の企画への参加を見合わせたのはいうまでもありません。したがって、編集長によるいやみなコメントが東京大学に言及することはあっても、今年は、その英語週刊誌の「アジアの大学ランキング」に、あなたがたがその一員となった大学の名前は登場いたしません。たまたま書店でこの雑誌に目をとめることがあるかもしれませんが、ランキングの上位に東京大学の名前が欠けていることに、落胆したり、驚いたりしてはなりません。それは、あえてそうした態度を表明することこそが、東京大学が高度に維持している教育と研究の「質」にふさわしいと確信するわたくしの、職業的な倫理のあらわれにほかなりません。

他者の厳しい評価に身をさらすことは確かに意義のあることですし、あなたがたもそうすることでこの大学の一員となられました。しかし、わたくしたちは間違ってもそのランキングは公表いたしません。もちろん、それは情報公開の流れにさからおうとするからではなく、あなたがたにそなわっているとわたくしたちが判断した潜在的な資質を、この大学の知的な環境と触れ合うことで、あなたがた自身の手で顕在化させていただきたいからなのです。重要なのは、ここにおられる一人ひとりが、試験に合格したことが告げているかもしれない相対的な聡明さへの満足感とは異質な、未知の自分自身と出会うことの絶対的な喜びを体験することにあります。それと同様に、わたくしたちにとっての真の誇りは、数値の相対的な比較によって下された「アジアの大学ベスト1」という評価ではなく、他との比較を欠いたその「質」の豊かな充実ぶりへのわたくしたち自身の揺るぎない信頼にほかならぬと、わたくしは確信しております。

わたくしは、この式辞を終えるにあたり、その確信を、ここにおられる一人ひとりに、祝福のしるしとして送りたいという誘惑にかられております。あなたがたは、そうした祝福の表明に齟齬感を覚えるかもしれない。違和感をいだくかもしれない。隔たりの意識を持たれるかもしれません。だが、かりにそうだとしても、それを処理するために動員される知性を、東京大学と深いところで接触する契機としていただきたい。そう口にすることだけが、教室であなたがたと親しく接する機会を奪われたいまのわたくしに、かろうじて許された贅沢となるはずだからです。

「誇り」の感情

卒業式式辞
一九九九年三月二六日（安田講堂）

二つの「誇り」の交錯

卒業生の皆さん。あなたがたは、今日、東京大学の卒業証書を手にされました。東京大学の一〇の学部から、学士にふさわしい存在と認定されたのであります。そのことを祝福するために、わたくしたちは、いま、この大講堂に集うております。新たに学士となられた三六一五名の若い男女を送りだすことで、東京大学は、今年もまた、こうして一つの学年を終えようとしているのです。そのことに、わたくしは、なにがしかの感慨を禁じえません。二一世紀の始まりをかりに二〇〇〇年の一月一日とするなら、あなたがたは、東京大学にとって、文字通り二〇世紀最後の卒業生ということになるからであります。

そのことが持つかもしれない特殊な意味を開花させ、意義深い変容を社会に導きいれることになるものは、もちろん、あなたがた一人ひとりの今後の言動にほかなりません。どうか、歴史との幸福な出会いを演じていただきたい。わたくしは、心からそう祈らずにはおれません。

いま、この式典に参列しておられるのは、法学部、文学部、経済学部、教養学部、教育学部に籍をおかれた一七六二人のかたがたです［医学部、工学部、理学部、農学部、薬学部に籍をおかれたかたは一八五三人］。あなたがたは、それぞれの学部での学業にはげみ、所期の目的を達成されました。そのことを、どうか誇りに思っていただきたい。東京大学もまた、あなたがたの一人ひとりを学士として送りだすことに、ことのほか大きな誇りを覚えております。わたくしは、祝福の言葉を送る以前に、まず、この誇りの感情を、あなたがたとともに共有したい。明日からあなたがたの母校となる東京大学にとって、いまここにおられる卒業生の多様な表情そのものが、ほかの何にもかえがたい誇りだからであります。

この「誇り」という言葉は、式典にありがちな年長者の社交辞令の一部として口にされているのではありません。わたくしは、いまここにおられる一人ひとりのうちに「誇り」の感情が目覚め、それが思いきり嵩をましてほしいと心底から祈らずにはおれません。それは、あなたがたが、思い思いのやりかたで東京大学の多様化と豊かな質の向上に貢献したことを意識化することにともなう「誇り」の感情にほかなりません。その感情のたかまりを、この場で、「誇り」とともにうけとめたいというのは、総長としてのわたくしにはすぎた贅沢でありましょうか。

学士入学された一部の方がたをのぞけば、この卒業式は、あなたがたのほとんどにとって、生涯にたった一度の儀式であります。他方、総長であるわたくしにとって、それを主宰することは、年ごとにくりかえされる職務の一つにほかなりません。それでいながら、入学式がそうであるように、卒業式という式典のこのはりつめた雰囲気に、わたくしはいまなお慣れることができません。ほとんどの事態には、日頃の習慣と多少の経験とで対処できると高を括っているつもりでいながら、こと入学式と卒業式にかんするかぎり、どうしてもその職務に徹することができず、そのつど、無力な自分を芸もなく人目にさらすしかないのであります。そんなわたくしを救ってくれるのが、あなたがたと共有しあう「誇り」の感情にほかなりません。

もちろん、わたくしにしても、内面の動揺をたやすくはさとらせまいとする技術ぐらいは何とか心得ております。だが、わたくしは、いま、この壇上で、式典のためのいかにも時代遅れの衣装を身にまとったまま、滑稽なまでに緊張しつくしております。諸外国で、東京大学やわたくし自身の名誉をたたえるオマージュの儀式に主賓として招かれ、その国の重要人物や未知の聴衆を前にして外国語で謝辞を述べるという機会も、これまでに何度か経験しております。だが、そんなとき、わたくしは、名誉なことと思いこそすれ、いささかも緊張することのない人間なのです。それは、わたくしが、過度の当惑や予期せぬ混乱を回避するための個人的な配慮の体系を、職務上の習慣と個人的な経験とによって、ある程度まで身につけていることを意味しております。では、そうした配慮の体系は、入学式や卒業式に対して、どうして有効に機能することがないのでしょうか。

理由は明白であります。それは、この卒業式が、まぎれもなく東京大学の卒業式だからであります。それは、わたくしが、自分自身を、真に東京大学の総長として意識せざるをえない、一年でもごくまれな瞬間にほかなりません。それ以外の場合は、多少の人称性をこめつつも、総長としての役割をほどよく社会的に演じていれば充分であり、それなりの身振り、それなりの役割ならある程度まで心得ているつもりです。だが、いま、卒業生というなまめかしい存在を前にして、まさに東京大学総長そのものでなければならないという瞬間、わたくしはいかなる戦略もないまま、社会的な役割を超えた総長という立場の不気味な虚構性に戸惑いながら、無防備に立ちつくすしかないのであります。そして、この孤立無援の窮状を救ってくれそうな仲間は、あなたがたをのぞいて誰も見当たらないのであります。

だが、それにしても、もっとも自分にふさわしいはずの環境におかれたわたくしが、他人の目にも滑稽なほど緊張し、自分自身を見失うしかないのは、いったいなぜなのでしょうか。おそらく、卒業生を送り出すという大学にとっては習慣化された儀式の主宰者たることを、わたくしがたんなる職務の一つとは見なしておらず、そのことを、必要以上に深いところで、実存的な体験として生きてしまっているからだと思います。あるいは、自分にふさわしいはずの環境とは、いつでも、このように、頼りないほどの希薄さにおさまるものなのかもしれません。いずれにせよ、わたくしにとっての東京大学総長とは、おそらく、あなたがたにとっての東京大学卒業生という今日限りの身分がそうであるように、自明さとはおよそ遠い、いかにもあやうげな輪郭におさまっております。現実とは、こうした苛酷な希薄さにたえることにほかなりません。あまり他人にはもらしたことのない「誇り」の一語をつい口にしてしまったのも、そんな理由があったからなのでしょうか。

総長という立場におかれていらい、教室で親しく触れ合う機会はめっきり失われてしまいましたが、二年前まで教壇に立っていたわたくしにとって、学生という複数の若い男女ほど貴重な他者の存在は想像しがたいものでした。いまのわたくしにとって、確かなことはその事実につきております。あるとき新入生として教室に姿を見せ、思いもかけぬ言動であたりに驚きを誘発しながら、いつしか思考の逞しさを身にまとい、他者としての確かな批判的まなざしを周囲に投げかけ始め、もっと身近にいてほしいと思い始めていたころに、堂々と大学を去ってゆくおびただしい数の学生たち。その成長の過程を見まもることこそ、教師としてのわたくしにとって数少ない「誇り」だったのです。

いま、この場におられる一人ひとりの卒業生は、何人かの先生方との間に、必ずやそうした関係をきずいてこられたはずだと確信しております。その意味で、卒業式という年ごとの儀式を、去るものたちの声としては響かぬ謝意と、送る者たちを代表するわたくしの祝辞だけで終わらせてはならないはずだという思いがわたくしの言葉の背後に脈打っております。それは、質を異にする二つの「誇り」が交錯する環境でなければなりません。

「誇り」とは何か

しばらく前から、わたくしは、「誇り」というささか古色蒼然たる語彙を芸もなくくりかえしております。その語彙は、反動的な響きさえおびているといえるかもしれません。かつては美しい感情の発露とみなされていながら、いまでは誰ひとり真摯にとりあおうとしないこの時代遅れな言葉の響きを、あえてこの晴れがましい儀式空間にまぎれこませようとしていることには、しかし、まったく理由がないわけではありません。それは、この単語によってしか表象されがたい事態がいまなお体験されていながら、そのことがそれとして意識されずにいることで、人びとの振る舞いからしなやかな自発性が見失われてゆくしかない。わたくしは、そのような危惧の念をはらいのけることができずにおります。

そもそも、わたくしをも含めてわれわれは、近代的な羞恥心からすれば避けてとおるにこしたことはないこの「誇り」という感情について、何を知っているでしょうか。それを耳にして、どんなイメージを思い描くのでしょうか。二一世紀の到来を間近にひかえた二〇世紀末に生きる人びとは、「誇り」という単語の使用法をいまなお記憶しているでしょうか。はたして、何ごとかを「誇り」に思うことが、なお、肯定的な身振りたりうるでしょうか。

たしかに、近代の社会は、その発展の過程で、「誇り」という概念に大きな価値下落をもたらし、それをほとんど死語同然のものとしてあつかうことで満足しております。それには、まったく理由がないわけではありません。国家間の闘争が激化した近代以降の国際社会において、「誇り」の感情は、多くの場合、一国の軍事的な勝利と不可分の関係にあったからです。あるいは、勝利を引きよせるための間接的な手段として、その広い共有が、国民の統一感を巧妙に組織化してもおりました。実際、「誇り」の一語が口にされるとき、そこには、しばしば、想定される敵対者への、あるいは現実の敗者への配慮を欠いた民族主義的な色調がこめられておりました。いずれにせよ、ある種の権力の意識されざる行使を前提として、あるいはその無自覚な擁護を前提として、この語彙が使われていたのです。それとは異なる文脈で語られる場合も、「誇り」は、相対的な優位にある者の余裕とみなされ、それを口にすることは、つつしみを欠いた、むしろはしたない振る舞いとみなされがちだったのです。東京大学の一員であることの「誇り」の大っぴらな表明がともすればためらわれるのも、おそらくそうした理由によります。

にもかかわらず、「誇り」は肯定されねばならない。わたくしは、いま、真剣にそう感じております。「誇り」は「誇り」として、それ以上でもそれ以下でもなく、ごく正当に評価され、それにふさわしい表現形態におさまらねばならない。個人的な優劣とも、社会的な階層秩序とも無縁に、「誇り」は、裸の感情として意識され、裸の感情として表明されねばならない。意図することなく何かの口実とされたり、何かに貢献しうる可能性を周到に断ったところで、一つの感情として素直に現前化されねばならない。そうすることのない個人は、そうすることのない社会がそうであるように、その自発的な活力を喪失するしかありません。にもかかわらず、事態はそのように推移してはおりません。これは、いささか危険な兆候であります。そして、誰もが気づいているその危険が、いまなお視界から遠ざけられているとは思えません。

卒業生の皆さん。あなたがたは、いま東京大学の学士となられた自分自身を、どうか「誇り」に思っていただきたい。それに多少なりとも貢献しえたわたくしも、そのことにいくぶんかの「誇り」を感じております。その「誇り」を自粛する理由は何もありません。もっとも、東京大学の地盤沈下といった言葉がまことしやかにささやかれ、それを象徴するかのごとき破廉恥なできごとがマスメディアをさわがせたさして遠くない過去を想起しながら、その報道があなたがたを陥れるかもしれない自信喪失を何とか軽減させようとして、あえてこんなことをいうのではありません。どうか安心していただきたいのですが、東京大学の国際的な地位は年ごとに向上しており、そんな姑息な配慮の無効性をあからさまに嘲笑するまでにいたっております。日本の、日本人による、日本人のための大学とはおよそ異質の領域に、人類社会に貢献する高等教育の機関としての東京大学のイメージが、すでに確立されているのです。

だが、ここで共有さるべき「誇り」は、東京大学によせられる内外からのそんな評価の高まりとはいっさい無縁のものです。わたくしは、あなたがたが、たまたまこの大学の卒業生であるという現実を「誇り」に思っているにすぎず、世間がしばしば思い描く東大の権威的なイメージなど、その感情の高揚とは何の関係もありません。すでに述べたように、真に現実的なものは、すぐには納得しがたいほど希薄で頼りない輪郭におさまるものであり、「誇り」の感情を誘発するのは、現実なるものの驚くほどの呆気無さにほかなりません。そして、この「誇り」の感情を、そのつどそれにふさわしい表現に高めるのは、あなたがたの今後の言動なのであります。その言動が描くだろう軌跡の豊かな多様性を思い描きつつ、わたくしはわたくし自身の「誇り」と、心の中でひそかに戯れているのであります。

それと同時に、その「誇り」が、あなたがたの未来を無条件に約束するものでないというごく当然の事実にも、ここで触れておきます。ご承知とは思いますが、「誇り」とは、名誉勲章のように、いつまでも胸にぶらさげて歩ける装飾品ではありません。それが煽りたてる感情は、あなたの存在を瞬時につらぬくことで、たちまち別の感情へと変質してしまう希薄な何ものかにすぎません。だからこそ、いま、この瞬間、この「誇り」を自粛する理由は存在しないのです。

わたくしが、思いあがった自尊心のみだりな跳梁を「誇り」として容認せよと説いているのでないことは、聡明なあなたがたには理解していただけると思います。ましてや、一部のシニカルな伝統主義者たちのように、日本人としての失われた「誇り」を取り戻せといった抽象的な精神論を、本気で信じろというのでもありません。実際、不在の何ものかへの郷愁をこめた執着は、「誇り」とは無縁の厄介なコンプレックスを煽り立てることにしか貢献しないでしょう。

真の「誇り」と知性

ここでわたくしのいう「誇り」とは、何よりもまず知性の問題であります。それは、未知の自分自身をうけいれようとするつつしみとともに、みずからのうちに変化への資質を目覚めさせる貴重な契機なのです。実際、自分はどこまでも自分であり、であるがゆえに貴重な存在なのだと主張する根拠として「誇り」があるなら、それは、あくまで知性の介入を排するかたくなな思い込みでしかありません。いまある自分とは異なる何かへといつでも生成しうる潜在性によりそって生きることで、「誇り」は、はじめて「誇り」としてかたちをとるものなのです。それが、言葉の真の意味でも成熟にほかなりません。

個人と同様、社会もまたそのようにして成熟を経験します。その意味で、「誇り」の感情をごく自然に容認する社会は、成熟の何たるかを心得た知性豊かな社会なのだといえます。そんな社会が、いま、世界のどこで実現されているかはひとまずとわずにおきます。外国にくらべて、日本はここが劣っているといったたぐいの言説のほとんどを、わたくしは信じないからであります。にもかかわらず、不幸にして、現実の日本社会が、制度として成熟に背を向けていることだけは間違いありません。例えば、いま、老人問題がことさら深刻化しているかにみえるのは、「誇り」をもって老いることが制度としてほとんど不可能に近く、老齢で病気になることがそのまま「誇り」の放棄につながるしかないことに、誰もが気がついているからです。そんな状況下で、成熟の価値下落が起こるのは当然でしょう。残念ながら、こうした社会が知性豊かなものとはとうていいいがたい。

では、わたくしたちは、どのような変化を導入することで社会を活性化し、知性にふさわしい「誇り」をゆきわたらせることができるのでしょうか。確かに、社会構造の変化が急務だといった認識においては、多くのものが一致しております。しかるべき市場原理の導入も、それじたいとして悪いことではありません。だが、競争的な環境の中で期待される変化の実現に、知性とは異なるいくつもの要素が動員されるとき、「誇り」はすぐさま影をひそめるしかありません。実際、新たな雇用の創出が積極的に語られることもないまま、あたかもそれが国家の将来にとって決定的によいことだというかのように、国家公務員の二五パーセントもの定員削減や、企業でのリストラばかりが、達成さるべき義務的な数値として話題となっております。東京大学を含めた国立大学のほとんどは、その数値との関係で、新たな組織改革の模索をしいられており、そこに大学の知性を発揮する覚悟さえ持ちあわせております。ただ、諸外国にくらべればただでさえ少ない公務員数の削減に対する危惧の念は、すでに海外からも表明されており、いま必要とされているのが、効果的な再配置だという見解に知的な共感を覚えているのも事実であります。

もちろん、わたくしたち高等教育にかかわるものは、危機に瀕した国家財政の再建のために、必要な貢献をはたすことを逡巡する理由など持ってはおりません。また、大学こそが、それにふさわしい変化を率先して実現すべき立場にあるという自覚さえいだいております。だが、二一世紀における高等教育の役割をめぐる知的な討論をへることなく、行政改革、財政改革の視点からのみ割りだされた二五パーセントの定員削減という数値目標ばかりが独り歩きしている現状には、深刻な疑念を表明せざるをえません。それは、大学のみならず、日本社会の全域に向けて、緊急時においては、「誇り」を贅沢品として自粛せよといっていることにほかならないからです。

いまの日本社会が陥っている閉塞状態は、まさに「誇り」の喪失によって決定されております。そのことを、誰も真剣に考えようとはしていないことが問題なのです。だから、多くの人が変化を指向しているはずなのに、変化の不在ばかりが日々確立されてゆくしかありません。社会の活性化のためだったはずのさまざまな処方箋も、社会から活力を奪う方向で機能してしまうのです。新たな概念の立案と具体化、新たなイメージの生産と、流通と、再分配とにかかわるものたちの多くが、まるで何かを恐れるように知性の行使を怠り、みずからを袋小路に追い込んでゆくとしか思えない状況が常態化しているのです。それは、「誇り」の感情を知らぬものたちの言動がしばしばしなやかさを欠いており、自信の不在を糊塗する過度の思いこみばかりが、人びとの信頼を遠ざけてしまうからにほかなりません。意識の大がかりな変容をともなうことのない制度改革が成功するはずがないという確信に対して、それはあまりにも無力な言葉をかたちづくっているからです。

実際、いま、わたくしたちのまわりで、知性の行使はあまりにもなおざりにされている。ほとんど無視されているというのが、正確かもしれません。当然、「誇り」の感情は見失われております。官界、民間を問わず、いくつもの領域で起こった嘆かわしいスキャンダルの多くは、何にもまして「誇り」の感情への大がかりで無自覚な侮蔑を証明しております。わたくしたちは、そのことに改めて意識的でなければなりません。そこで問われていたのは、倫理の問題である以前に、何よりもまず知性の問題でした。ここ数年来、人びとが不快な思いで立ち会わざるをえなかったのは、「誇り」の喪失がもたらす知性の無残な堕落形態だったのです。ちょっと考えてみれば誤りだとすぐさまわかるはずの事態がいたるところで起こっていながら、その「ちょっと考えてみること」を人びとが怠り、なすすべもなく大きな流れにのみこまれてしまっていたのです。

その結果、日本人は自信を喪失したと多くの人がいいます。そして、それの原因を、人びとは、慣行だけが重視される官僚主義の弊害として非難しがちであります。だが、それでは到底事態の正確な把握とはいいがたい。それに類する不祥事は、民間のいたるところでも着実に起きているからです。問題は、官民にかかわりなく、誰もが、知性の保証する真の「誇り」を忘れてしまっていることに起因しているのです。「誇り」の感情を素直に表明するにふさわしい条件が、いたるところでとざされてしまっているのです。それどころか、当事者たちから「誇り」の感情を奪えば、事態が好転すると錯覚されてしまったのです。この錯覚が、知性の介入を無意識のうちに避けた結果であることはいうまでもありません。

たしかに、事態は深刻であるかにみえます。しかし、わたくしは、誰に頼まれたわけでもないのに、他者になりかわって、憂い顔を気取る深刻さを趣味としてもちあわせてはおりません。いたずらに悲観主義を標榜することが、知識人の役割だとも思えません。ちょっと考えてみれば誤りだとすぐさまわかるはずの事態に対して、知性を行使するなら、事態は好転すると信じております。「ちょっと考えてみること」を怠るはずのない「誇り」にみちた若い男女を前にして、わたくしはそう信じているのです。

卒業生の皆さん。あなたがたは、いま、未知の自分自身との出会いに向けて新たな一歩を踏みだそうとしておられます。いまここにおられるかたがたの中には、すでに自分にふさわしい職業を選択し、今日かぎりで東京大学を離れようとしておられる方が少なからずおられるはずです。また、研究者としての生活を選ばれ、大学院に進学される方もおられましょう。そのいずれの領域においても、あなたがたが今後遭遇するだろう困難の処理に、知性ばかりが必要とされるのでないことを、わたくしはよくわきまえております。にもかかわらず、「誇り」の感情のために、知性を放棄することだけはどうか避けてほしいと申しあげたい。「誇り」の喪失がいかなる惨状をもたらしたか、あなたがたはよくご存じだからです。

わたくしは、ここにおられるすべての若い男女に期待します。二一世紀にふさわしい「誇り」の姿とかたちを素描できるのは、あなたがたをおいては存在しえないからです。つつましさとはいささかも矛盾することのないこの「誇り」の感情だけが、来るべき世紀の価値をつくりあげるのです。そして、その「誇り」は、まぎれもなく知性の問題にほかなりませんとくりかえすことで、この祝福の言葉を終わらせていただきます。

差異の創造へ

学位記授与式告辞
一九九九年三月二九日（安田講堂）

踊りまくる日本人

自国の社会情勢をめぐる分析を外国の新聞紙上で読むことは、奇妙な体験であります。そこには新鮮な指摘があったり、思いもかけぬ解釈がおこなわれているからですが、総じて、ある種のもどかしさがともないます。だが、このもどかしさそのものが、一つの現実なのかもしれない。他者によるおのれ自身の肖像には、そうした印象がつきものだからです。

例えば、国際的に名高いさるヨーロッパの高級日刊紙によると、長引いた不況にあえぐ日本人は、いま、老いも若きも、ひたすらダンスを踊りまくっているのだそうです。ダンスという言葉には、いささかの比喩もこめられてはおりません。「陰鬱な経済状態や日々の単調な仕事を忘れるため、年齢や社会的な階層の違いにかかわりなく、あらゆる日本人は、ひたすらダンスを踊っている」と、高級紙の一面を飾るその記事はもっともらしく伝えております。

実際、繁華街のゲームセンターでは、「ダンス・ダンス・レヴォリューション」という名の新たに導入されたソフトが人気を独占し、目立ちたがりやの若者たちが、ブラウン管の美女を相手に、いたるところで派手にステップを踏んでいる。そこには現実逃避の傾向と自己顕示欲とが、ほどよい融合をつくりだしているのだと、その特派員はいいます。一方、ブエノス・アイレスで修業をつんだ人物の主催する本格的なタンゴのダンス・パーティーが、かつては芸者町として知られていた界隈の会場に、驚くべき数の成人男女を集めて賑わっている。これは、現代の日本社会について、何ごとかをつげるにたる興味深い徴候に違いない。そうした発想が、この記事の背後に読み取れるのは間違いありません。

こうしたときならぬダンスへの熱狂に火をつけたのは、周防正行監督の『Shall we ダンス?』という一本の映画だと、特派員は得意げに解説しています。このコメディーは、しがないサラリーマンが、ふとしたきっかけから社交ダンスにのめりこんでゆくさまを、悲惨にゆきつくことのない滑稽さとともに描いた上質な作品でした。これは、日本のみならず、アジア各地で大当たりをとったと書きそえる特派員が、この作品の合衆国での記録的な成功に触れていないのは、彼がヨーロッパ人だからなのでしょうか。皮肉にも、ついそう思ってしまったのは、先日お会いしたアメリカのさるノーベル医学生理学賞受賞者の奥様が、この映画の面白さを絶賛しておられたことを思いだしたからです。日本映画というより、最近見た映画の中で出色のできばえだったと、その教授夫人は顔を紅潮させながらおっしゃるのでした。

だが、この記事を書いたヨーロッパ人記者の関心は、アメリカ的な感性をも魅了してしまったこの映画の質の吟味にあるのではありません。彼は、この作品の成功をあくまでアジア性の中に閉じ込めたうえで、ダンスでさえ生真面目に練習しなければ気の済まない日本的な性格を想起させているからです。何ごとにも真剣に取り組む日本人は、テレビでのダンスの講習番組でステップを学習することさえ辞さないのだと、この日本通の特派員は皮肉まじりに書き添えております。そんな指摘を読み、半分は正しく、半分は間違っているような気がするのは、一方で、そうした傾向がますます顕著になってゆくのと同時に、そのような定義にはおさまりがたい若い日本人が増えていることを、わたくしが体験的に知っているからにほかなりません。だが、そんなニュアンスにこだわっていては、ジャーナリストはつとまりそうもありません。そして、これが学術論文でない以上、そうした誇張された姿勢も許されようと思うのです。

説得の必要から、すべてを一般化しがちなこの特派員によれば、東京のディスコやクラブは、家庭や仕事から逃れたい孤独な人びとで、いま異常な活況を呈しているのだそうです。本当だろうかと訝ることなく、ひとまずその記事を読み進めてゆくと、むしろ、驚くべき多様な社会階層の人びとがそこで共存しあっていることに、彼の記者としての興味が集中していることがわかります。注目すべきは、そこでつかのまの逃避を体験しているらしい男女が、そのことを、家族にも、会社の同僚にも秘密にしているという事態だと、特派員はコメントしています。そうすることで、彼らは、あるいは彼女たちは、はかないつかの間の幻想を追いもとめているのだと、その記事は結論づけているのです。

ごく最近、たまたまこの記事を目にしたとき、日本人のひとりとして、いささか当惑せざるをえなかったことを素直に告白しなければなりません。「陰鬱な経済状態や日々の単調な仕事を忘れるため、年齢や社会的な階層の違いにかかわりなく、あらゆる日本人は、ひたすらダンスを踊っている」と書くこの特派員の分析がかりに正しいとするなら、そこでいわれている「日本人」という範疇にわたくしが属していないことだけは、あまりにも明白だからであります。実際、わたくしは、「ダンス・ダンス・レヴォリューション」というゲーム・ソフトについては何の知識もありませんし、土曜日の夜にアルゼンチン・タンゴのパーティーにくりだし、家族や同僚に隠れてのひそかな息抜きを楽しんでいるわけでもないからです。その高級日刊紙には「あらゆる日本人」と書かれている以上、わたくしは、間違いなく日本人失格の烙印をおされかねない存在だということになりそうです。

どうやら、わたくしのあずかり知らぬところで、日本国民は、不況を克服するための聡明な方策を、新たに、だが着実に発見しつつあるらしい。そのことを外国の新聞で知らされたことにいささかの寂しさを感じながら、例外は規則を補強するということもありますから、わたくしの例外性は、あくまで許容範囲に入るものだったのかもしれないと、むなしく自分を慰めております。

ところで、この晴れがましい学位記授与式の祝辞の冒頭から、いきなりこのヨーロッパ系の高級日刊紙の記事を引用したのは、わたくし自身はともかく、いま東京大学から修士と博士の称号を授与されたばかりの比較的若い男女の何パーセントが、この記事に語られているように、「日本人」にふさわしく、あるいは「日本人」の仲間とつれだって、ひそかに踊りまくっているかを知りたいからではありません。ここに参列しておられる少なからぬ数の外国人に、この特派員記事の客観性についての意見を聞きたいと思ったのでもありません。不況下の日本人とダンスという奇妙なとりあわせの記事が、なぜ第一面を飾らねばならぬのか、その真意を、できればこの新聞の編集長にきいてみたいと思いたったのでもありません。ましてや、自分自身の貧しい体験を盾にとって、この記事の間違いを指摘したいのでもありません。

実際、ゲームセンターでの若者やパーティー会場での男女にインタヴューさえ試みている特派員の書いた記事を、自分の知っている日本とは違うという理由で否定するにたる充分な材料を、わたくしは手にしておりません。では、いかなる理由から、また何を目的として、わたくしはこの日刊紙の一面の記事に言及するに及んだのでしょうか。

「何かを理解した気分」

過去数年来、日本をめぐる外国の高級日刊紙の記事の中で、読んでいるわれわれをふと勇気づけてくれるようなものは、ほとんどありませんでした。とりわけ、政治と経済の分野においては、われわれのよく知っている愚かなスキャンダルが、日本の日刊紙より遥かに厳しい語調で語られているケースが大部分でした。それは、政治情勢の推移であろうと、金融問題の処理の不手際であろうと、あるいは風俗的な犯罪であろうと、外部の視線から隠しておけるようなものなど、いまの日本には何ひとつないという事実の反映にすぎません。それがすぐさま記事になるか否かはともかく、日本で起こっていることの大半は、その日のうちに特派員の手で諸外国に打電されているのです。その限りにおいて、ここしばらくのところ、日本の名誉につながるような記事は、まったくといってよいほど国際的な高級日刊紙に印刷されてはおりませんでした。それにくらべてみれば、日本と不況とダンスという意表をついたとりあわせは、むしろ、邪気のない記事だといえるかもしれません。

ところで、忙しさにかまけてあまり目を通す暇のない外国の新聞のこの記事がふとわたくしの目にとまったのは、一年ほど前の同じ高級日刊紙の一面のまったく同じ紙面に、東京大学とは決して無縁とはいえないある記事が印刷されていたことを思いだしたからです。それは、宇宙線研究所の地下の実験施設である「スーパーカミオカンデ」における国際的な共同研究が、ニュートリノに質量があることをほぼつきとめたという内容の記事で、本学の教授たちの名前も何人か登場しており、これには興奮して読みふけった記憶があります。これが立証されたなら、宇宙をめぐる物理学理論に大きな変革がもたらされるだろうと、その記事は結ばれていました。それとまったく同じ場所に日本という文字が認められたので、わたくしは思わず引き込まれてしまったのでしょう。

しかし、詳細に読んでみるまでもなく、今回のこの特派員の記事には、日本に対する好意的な指摘はほとんど含まれておりません。たしかに何かが変わりつつあるという印象を与えつつも、かつて働き蜂のように組織につくしていた日本人が、不況下のいま、「日本株式会社」という巨大な組織からも、「ウサギ小屋」のような小さな家庭からも多少の距離をとり、ひそかにダンスに熱中していると読めるこの記事からは、やはり日本人は理解しかねる奇妙な連中だというありきたりな結論が引きだされかねないからです。それに、なぜダンスなのかという理由の説明にも、充分筆がつくされているとはいいがたい。

もちろん、そのことで、この記事を書いた日本通の記者を批判しようとする意図はまったくありません。自分自身が他人の言葉で表象されるとき、そこには決まってこうしたもどかしさがついてまわるものであり、いくら自分はこんなものではないといいはってみても、自分が納得する本当の姿など、他者の視線に正確に映るはずもありません。新聞記事とはそもそもその程度のものであり、その中では、これは、日本と不況とダンスという意表をついた組み合わせによって、むしろよくできたものだとさえいえるかもしれません。読者の目を惹きつけるための工夫は充分にほどこされており、であるが故に、名高い高級日刊紙の第一面を飾ることになったのでしょう。

日本を充分には知らないヨーロッパ人たちは、この記事を読みながら、ことによると、蝶々夫人の末裔たちが生真面目に踊るアルゼンチン・タンゴの光景を、いくぶんかのオリエンタリズムとともに想像しながら、「何かを理解した気分」になるのかもしれません。彼ら、あるいは彼女たちの口からもれるかもしれない「日本人は理解しかねる奇妙な連中だ」というつぶやきそのものが、すでに、理解の一形態にほかならないからであります。この記事に何らかの問題が含まれているとするなら、それが、ふと「何かを理解した気分」にさせてしまうところにあるのかもしれません。読者は、なぜ、日本と不況とダンスなのかという、真剣に考えればとうてい回答を見いだしがたい疑問とともに宙づりにされた自分を、いつまでももてあますことはないでしょう。この記事は、間違いなく、不況をめぐる適度に気の利いた記号として消費され、それと引き換えに、東洋の一都市におけるタンゴ狂いの男女という希薄なイメージだけが流通することになるのです。そして、これがジャーナリズムという文脈の内部でのできごとである限り、そのように消費されることが、あくまで正当なありかたなのです。

その意味で、この特派員の記事は、メディア社会にこそふさわしい言説を構成しているということができるでしょう。メディアにおいては、真実が、真実ならざるものとの決定的な差異によって問題とされることがほとんどないからであります。半分は正しく、半分は間違っていると思われても、「何かを理解した気分」にさせてくれれば、それで一つのつとめをはたしたことになるからです。そこに支配しているのは、知性を駆使した分析と総合ではなく、あくまで納得の風土にほかならず、そのためには、検証という手続きを必要としてはおりません。

実際、わたくしたちもまた、日々のさまざまな局面で、意識的であると否とにかかわらず、記号とイメージのこうした消費と流通のサイクルに検証なしで加担し、その必要すらないかもしれない多くのものを納得させせられております。あるいは、それが他人の身に起こったことであるかぎり、人びとは、程よく納得する以上のことを要求されてはいないというべきでしょうか。

納得の風土と理解の生産

ここで、わたくしは、ようやく、あなたがたによって執筆され、一群の教授たちによって審査され、それぞれの研究科によって、それぞれの学位にふさわしいと認定された論文について語ることができます。いまここにおられる皆さんは、東京大学の大学院における数年におよぶ研究成果を評価され、修士号なり博士号なりを授与されたところだからです。学生は学生としての、大学は大学としての必要な手続きを慎重に踏むことで、今日の儀式が持たれるにいたったのであります。それは目出度いことであり、祝福さるべき事態であります。わたくしは、東京大学総長としての誇りとともに、学位記に署名いたしました。

今年度は、二二四七人の修士課程修了者と、九〇一人の博士課程修了者が、一一の研究科から、それぞれ学位の称号を授与する価値ありと判断されました。そこには、修士で四七一人、博士で一五五人の女性が含まれており、修士で一六六人、博士で一九九人の外国人が、東京大学の学位記を獲得されたことになります。あなたがたは、いま手にされたばかりの学位を、どうか誇りに思っていただきたい。わたくしは、短いものではなかったろう論文執筆のために傾けられたあなたがたの時間とエネルギーとに、心からの敬意を表明します。ところで、ここにいたるまでのわたくしの長い迂回は、いったい何だったのでしょうか。国際的な高級日刊紙の日本をめぐる記事に言及せざるをえなかったのは、なぜなのでしょうか。

学位修得にあたって、あなたがたが、指導教授や審査員の教授たちから、しかるべき評価を蒙ったことはいうまでもありません。そこで問題になっていたのは、もちろん、「何かを理解した気分」にさせるという納得の風土ではなかったはずです。あなたがたが難儀しながら提起した記号が審査員によってほどよく消費され、それにともなって流通するイメージにしたがって、その論文の質が吟味されたのではありません。審査は、より厳密な基準にしたがってなされたはずです。つまり、不況と日本とダンスといった意表をついた組み合わせによって、半分は正しく、半分は間違っていると思われたにもかかわらず、結果として、審査員という他人を納得させたのではないはずです。審査にあたって問われていたのは、あくまで、論文の文面にたどることのできる知性の着実な作動ぶりの軌跡だったはずだとわたくしは思います。

では、そのとき、あなたがたの知性は、現実にはどのように作動したのでしょうか。おそらく、それが学術論文であるかぎり、あなたがたの知性が、マスメディアにおける記号の消費とイメージの流通のサイクルとはおよそ無縁の領域で、真実と、真実ならざるものとの決定的な差異をきわだたせることで、納得とは異なる理解の生産に加担したのだと思います。そう予想することは、いとも簡単であります。事実、事態はそのように推移したのだとわたくしは信じております。ただ、その場合、日々はそうした安易なサイクルに加担している人が、いざ研究に従事するという瞬間だけに、そうしたシステムから完全に自由だと確信をもっていえるでしょうか。そもそも、われわれは、研究と研究ならざるものとの差異を、それほどの確信をもって指摘できるものでしょうか。

たしかに、あたりに蔓延している安易な納得の風土の中では、ほとんどの場合、純然たる知性の行使は避けられたまま、事態が進行しております。本質的な疑問を呈することなく、ただ慣行化された流れにしたがうことは、ある種の安心を生むからです。だが、ある種の慣行にしたがうことなしに、純然たる知性の行使だけで、はたして一つの研究の遂行が可能なのでしょうか。研究には研究の慣行というものが存在しており、それぞれの研究領域には、知性を行使することなくうけいれざるをえない手続きが、いくつも存在しているからであります。それぞれの学問流派には、その流派なりの約束ごとも存在しており、それとの齟齬をきたすことは避けねばなりません。その意味で、学術論文として執筆された言葉だというだけの理由で、それがマスメディアで消費されている言説とは決定的に異なると主張することははなはだ困難なのです。それは、無前提的に自明な事実ではないからであります。

だからといって、差異の不在のさなかにおのれをみいだすことは至難のわざであります。そもそも、そんなことは、社会的に不可能です。わたくしがここで強調したいのは、自分が学術的な研究者だという事実を、純然たる知性の行使なしに確信することは避けてほしいという事実につきております。たしかに、研究の言説はマスメディアの言説とは異なっており、高級日刊紙にのった不況下の日本人のダンス狂いの記事は、学術論文ではありません。分析にあたっての「あらゆる日本人は」といった不用意な表現は、研究にとっては避けられるべき表現でしょう。周到な検証には、到底耐えがたい事実だからです。だが、それとて、慣行と手続きと約束事の問題にすぎません。そこにあらかじめ存在しているとみなされる差異を無批判に受け入れたうえで自分を研究のがわに位置づけることは、納得の風土に身をさらすことと、本質的に変わらない姿勢だからであります。そうした誤りを、自分はまぎれもない研究者だという自尊心だけで処理することは、危険な振る舞いだからでもあります。

あらかじめ存在している差異を無批判に容認することで、自分を研究者だと納得することから、研究が始まるのではありません。その納得に安住することは、研究にとって、むしろ容易なことかもしれない。いまだに差異としては充分に意識されてはいない差異を具体的につくりだすこと。それが、研究だからです。そして、ほかの論文とあなたの論文との間に引かれるべき厳格な差異は、マスメディアに流通している安易な言説とあなたの論文とをへだてている差異よりも、遥かに大きいかもしれない。いや、本質的に、それは大きくなければならないとわたくしは思います。そうした差異の創造にかかわることこそ、言葉の真の意味での知性の行使にほかなりません。

あなたは、東京大学の大学院に提出された今回の論文で、そうした差異の生産に充分成功されたでしょうか。審査にあたった教授たちは、その差異を評価されたのでしょうか。少なくとも、あなたがその差異の輪郭の素描ぐらいは試みられたと信じることで、ここでのご挨拶を終わらせていただきます。明日からの新たな挑戦を心から期待しています。

伝統ある大学の未来像

成均館大学創立六〇〇周年記念式典
伝統ある大学学長世界フォーラム
一九九八年九月二五日（ソウル新羅ホテル）

このたび、成均館大学が創立六〇〇年を迎えられましたこと、心からお祝い申し上げます。この厳かな創立記念にお招きいただきましたことに、深い感謝の念を表明させていただき、この伝統ある大学の学長ブン・ジン・チュン教授に心から御礼申し上げる次第であります。また、わたくしの貴大学訪問にあたって多くの複雑な問題を解決して下さいました国際交流部長のリー・ユング・オック教授にも、御礼の言葉を捧げさせていただきたいと思います。今朝の三人の優れたスピーカーの方々のご発言に対してコメントを加えるという役割を頂戴しましたのは、わたくしにとりましてはまことに光栄なことであり、喜んでそのつとめを果たさせていただきます。

コメントに入ります前に、まず、このフォーラムの初日から参加できなかったことを、深くお詫びいたします。わたくしは、しかるべき学術的な義務から二週間ほどヨーロッパに滞在し、四八時間前に東京に戻ったばかりのところであります。そのため、すべての参加者にとってはなはだ有意義だったに違いない討論の一部を聞きのがしてしまったことを、誠に残念だと思っております。さて、わたくしのコメントは三点からなるごく短いもので、ほんの数分間で終わってしまうはずです。

最初のコメントは、成均館大学の六〇〇年の歴史に対してある時期の日本が演じたきわめて否定的な役割に関するものであります。ブン・ジン・チュン学長はさきほどのスピーチの中でそれへの言及をさけておられましたが、わたくしといたしましては、朝鮮半島の日本による併合ののち、この長い儒教の伝統につらなる大学が、日本総督府の主要な攻撃目標となっていたということを想起しておかねばなりません。わたくしは、この歴史的なあやまちの持つ意味に充分自覚的であり、この機会をかりて、わたくしの祖父たちの世代の帝国主義者たちによって演じられた間違いに深くお詫びしたいと思います。そうすることが、戦後に教育を受けたわたくしたちの世代の義務であり、それを通して、貴国と日本との新たなきずなが強固に築かれるものと確信しております。また、それと同時に、この伝統豊かな大学が、そのような難局をみごとに乗り切られて発展されたことに、心からの敬意を表明させていただきます。

わたくしのコメントの第二のものは、「古さ」という概念に関するものであります。成均館大学は韓国のもっとも古い大学であり、疑いもなく東アジアのもっとも古い大学であります。わたくしたちは、そのことをよく承知しております。西欧におけるもっとも古い大学であるボローニャ、パリ、オックスフォードなどは、一三世紀に創設されております。しかし、今朝ほどのスピーチをうかがっていると、この二〇世紀の「世紀末」においてさえ、これらの古い伝統を背負った大学が、もっとも新しい大学であるという印象を強く持ったのであります。それは、東アジアにおいても、西ヨーロッパにおいても、変わることがありません。これらの伝統ある大学は、いずれも他にさきがけて組織の変革に取り組み、それに成功しておられるからであります。事実、世界の伝統ある古い大学は、いずれも、社会の発展にふさわしく迅速に変化に対応する驚くべき柔軟さを備えてもいるのであります。

オックスフォード大学のコリン・ルーカス学長は、社会にへつらうことなく、みずからの責任においてみずからの目標を達成するかぎりにおいて、伝統ある大学は変化に対応し、またそれを歓迎すると述べられました。わたくしは、シェークスピアの文学的な達成が世界的にその意義を知らしめた「オクシモロン」という修辞学的な技法が、伝統ある大学の歴史を語る言葉にみごとに適応している現実を確認しうることを、大層誇りに思う次第であります。それは、「もっとも古いものがもっとも新しい」という「オクシモロン」にほかなりません。わたくしは、その点で、シドニー大学のゲイヴィン・ブラウン学長が、「過去を祝福することによって、われわれは未来を望見することができる」といわれたことに、まったく同意いたします。そして、さいわいなことに、「もっとも古いものがもっとも新しい」という「オクシモロン」が、一八七七年に創設された日本でもっとも古い大学である東京大学についても適応されうる修辞技法であることを、喜ぶものであります。

わたくしのコメントに三つ目で最後のものは、伝統ある大学の未来像に対するわたくし自身の自問自答にほかなりません。もちろん、わたくしは、未来に対して、確かなことは何ひとつ口にすることができません。しかしわたくしは、来るべき世紀における高等教育の機関が、異なる国籍、異なる文化、異なる学問領域を持ったあらゆる訪問者に向かって開かれた「寄港地」のようなものとしてイメージさるべきではないかと思っています。「寄港地」として、大学は運動の伝達と交換の場所となり、そこにおいては、そうした記号の伝達が生産よりもはるかに大きな意味を持つでしょう。今日、わたくしたちを迎え入れて下さった成均館大学がそのような「寄港地」の役割を果たしてくださっております。近い将来、パリなり、ボローニャなりオックスフォードなりがそうした役割を演じることになるでしょう。そのことを指摘して、わたくしのコメントを終わらせていただきます。

台湾大学創立七〇周年にあたって

台湾大学創立七〇周年記念式典祝辞
一九九八年一一月一五日（台湾大学記念会堂）

このたび創立七〇周年記念式典を迎えられました国立台湾大学に、心よりお喜びの言葉を贈らせていただきます。この栄えある記念式典にお招きいただきましたことは、わたくしにとりましては、この上なく名誉なことであります。ご丁寧にもご招待下さいましたウェイ・ジャオ・チェン学長には、深甚なる感謝の念を表明する次第であります。これほどの錚々たる顔触れのご出席者を前にして祝辞を述べる機会に恵まれましたことは、わたくしにとりまして、真の特権というべきものであります。東京大学を代表して、この研究型高等教育の機関のすべての教員、事務官、学生、卒業生の皆様方に、心より御目出度うという言葉を贈らせていただく次第であります。台湾大学から受けた恩義に応えるべく、わたくしは、公式の贈り物として、日本の政治学における最も重要な研究者である故丸山眞男教授の全集を大学図書館に寄付させていただきたいと思います。

わたくしは、一九九四年に、台湾における主導的なこの大学で講義をする機会に恵まれました。その際、わたくしをご招待下さいました当時の日本研究センター長で、現在は法学院院長の地位にある許介鱗教授のご厚意に、この機会をかりて深い感謝を表明せずにはおられません。それは、わたくしにとりまして、台湾文化と台北の都市とに接する最初の機会であり、わたくしに、現在の台湾について多くのことを教えてくれました。第二次世界大戦の終結後に教育を受けたわたくしの世代の日本人なら誰もがそうだと思いますが、わたくしたちは、過去の日本の拡張主義者たちが犯した軍事的な過ちがもたらした歴史的な衝撃には、充分意識的であります。許教授の知的な尊厳と開かれた心のお陰で、わたくしは、台湾の皆様に対する居心地の悪い思いから解放されたのであります。

台湾大学の七〇年の歴史が、二つの異なる時期に分かれていることを、わたくしたちはよく承知しております。一九二八年に日本の帝国主義者たちによって設立されたとき、この大学は台北帝国大学と呼ばれており、一九四五年一一月一五日の中国による主権回復までそれが続きます。その事実は、この大学の発展に、わが国がきわめて否定的な役割を演じたことを即座に思い起こさせてくれます。この機会に、わたくしは、祖父や曽祖父の世代の日本人が台湾に対して行った誤りに対する、真摯なお詫びを表明させていただく次第であります。

わたくしは、一九四五年以降の台湾大学が、台湾の政治、経済、文化の分野でいかに重要な役割を演じているのか、よく承知しております。この大学の学問的な評判は世界に広く認知されており、台湾大学と東京大学との緊密な関係を大層誇りに思っております。ともに

「東アジア研究型大学協会」のメンバーであるこの二つの高等教育の機関は、教育研究の両面で、多くの学術的な利害を共有しております。両大学の重要なパートナー・シップは、すでに多くの共同研究の計画を生み出しております。

この点に関しては、この「協会」の第二回の分子生物学とバイオテクノロジーのワークショップを主催されたウェイ・ジャオ・チェン学長の指導力を高く評価するものであります。それは、一昨日からこのキャンパス内で二日間にわたって行われておりますが、東京大学の医科学研究所の所長である新井賢一博士がゲスト・スピーカーとして招待されておりますことは、わたくしにとりましては、大きな喜びであります。この種の国際的な集会を準備するには多大なエネルギーを必要としていることを、わたくしはよく承知しております。この重要なワークショップを主催されたジュン・ヤウ・リン教授に、心からの感謝を捧げさせていただきます。わたくしは、東アジアにおける科学の振興という共通の関心に、大きな誇りを覚えております。わたくしたち二つの大学の友好的な関係が、来るべき世紀に向けて足を踏み出そうとしているこの時期に、さらに多くの成果を生むものと確信しております。

明日から、台湾大学創立七〇周年記念事業として行われる高等教育をめぐる国際会議「二一世紀における好機と挑戦」に参加しえないことを、わたくしがどれほど深く後悔しているか、皆様にはおわかりになりますまい。明朝、ある学術的な義務がわたくしの出席を要請しておりますので、わたくしは、このレセプションの直後に台北を離れねばなりません。国際会議の成功を祈り、かつお詫びの気持ちを表明しつつ、わたくしは、このスピーチの冒頭で口にした言葉を繰り返させていただきます。わたくしは、高度の称賛と深い尊敬の念をいだいている台湾大学に、心からお祝いの言葉を捧げる次第であります。

大学の「オクシモロン」現象――古いことは新しい

金沢大学創立五〇周年記念式典祝辞
一九九九年五月二九日（金沢全日空ホテル）

金沢大学創立五〇周年記念式典にあたり、国内の大学を代表して祝辞を申し述べる機会に恵まれましたこと、わたくしにとりましては言葉にはつくしがたい喜びであり、身にあまる光栄であります。この晴れがましい式典に、国立大学協会会長として、また東京大学総長としてお招きいただきましたことに身の引きしまる緊張を覚えつつ、岡田晃学長を始め、金沢大学の皆様に心からの祝福と感謝の思いを捧げさせていただく次第であります。

わたくしは、この栄誉を賜わりましたことに、何やら宿命的なものを感じとらずにはいられません。それは、東京大学を象徴するといってよかろういわゆる「赤門」が、加賀百万石の記憶につらなるものだからであります。実際、いまは角間の地に充実したキャンパスをお持ちの金沢大学が、当初は加賀藩前田家の城址にその基礎を築いて発展してこられたのですが、東京大学もまた、江戸の前田家屋敷跡地をいまなお主要なキャンパスとしてさらなる充実をめざしております。その意味で、金沢大学と東京大学とは、加賀藩との浅からぬ関係によって結ばれ、同じ一つの歴史を共有しあう仲だといえるのかもしれません。その奇縁にひそかな胸騒ぎを覚えつつ、金沢大学の知的な活動が、これからの新たな五〇年をさらに豊かな色調で彩ることを、心よりお祈り申し上げる次第であります。

金沢という土地の名前は、文学を学ぶわたくしにとりまして、何よりもまず泉鏡花生誕の地として神話的な風景を活気づけるものであります。その遠景には、第四高等学校時代の中野重治のまだ若々しい人影がおぼろげに浮き上がり、より現在に近いところに、芥川賞を受賞するより以前の古井由吉が、若いドイツ語教師として数年を過ごした城内キャンパスの光景が、ふと見えてくるような気がいたします。

もちろん、金沢は、文学の記憶をとどめた土地につきているわけではありません。その知的な中心といってよい大学が、文学、教育学から、社会科学、自然科学、医学、薬学、工学にいたるまでのはば広い学問領域をカヴァーする学部と大学院をそなえた総合研究大学としてますます発展しつつあることを、わたくしたちはよく存じております。だが、大学人なら誰もが知っているように、「知」の創造と継承と発展とにかかわる者にとって何より貴重なものは、さまざまな分野での先端的な研究を競いあうことにもまして、現在という捉えがたい瞬間を支えている目には見えない体験の厚みであり、その豊かな拡がりにほかなりません。そして、おそらくは大学創設の遥か以前から、この金沢という由緒ある城下町に堆積していた多様な体験の厚みと拡がりが、この大学に、他には類をみることのない独特な風貌を与えていることを、わたくしどもはよく承知しているのであります。

明治末期の一九一一年から幾度となく帝国議会に建議されてきた北陸帝国大学構想よりも遥か以前に、金沢にはすでに医学校が存在しておりましたし、第四高等学校の伝統はいうまでもなく、高等師範学校や複数の師範学校、さらには高等工業学校の存在が、この土地を、日本の近代の教育史の上でもごく例外的といえる多彩な色調で染め上げることになるからであります。一九四九年に新制総合大学として正式に誕生したとき、そこには、創造され継承され発展さるべき「知」の伝統が、すでに、豊かすぎるほどの厚みと拡がりにおさまっていたのであり、それが今日の金沢大学にとっての貴重な資産となっていることはいうまでもありません。

その豊かな歴史的体験の堆積は、今日の大学にあっては、たえず新しさを求めておのれを変容せしめるという旺盛な「知」の好奇心を、いささかも否認するものではありません。それどころか、大学の「古さ」こそが、大学の「新しさ」の創出に不可欠な要因として世界各地で重視され始めていることを、ここで指摘させていただきたいと思います。高等教育をめぐる国際的な状況の多くが証言しているとおり、それぞれの国の、伝統豊かな都市に位置する大学ほど変化を恐れず、新たな自分自身の創造に向けて積極的な改革に取り組んでいるのは、間違いのない事実だからであります。金沢大学もまた、その例外ではありません。そうした事態の推移を、わたくしは大学の「オクシモロン」現象と呼んでおります。西欧の修辞学的な伝統を「オクシモロン」と呼び、ウィリアム・シェークスピアがことのほか得意としたその「矛盾語法」こそ、「古いものは新しい」「新しいものは古い」という今日の優れた大学のありかたを記述するにふさわしい文章技法にほかならないからなのであります。

不幸なことに、現在の日本社会における国立大学は、きわめて不安定な立場に置かれています。国家公務員削減の煽りをまともにうけ、さらには、国立大学の独立行政法人化構想とやらが、いつのまにか大きな流れをかたちづくってしまっているからであります。あらゆる改革に背を向けることを拒否することを主義とするわたくしは、大学にとって喜ばしい変化をみずからつくりだそうとする動きには、積極的に加担すべきだとさえ思っている人間であります。にもかかわらず、独立行政法人化の構想に大きな齟齬感を覚えずにいられないのは、高等教育の将来像を歴史的な視点から再検討することもないまま、「オクシモロン」という修辞学的な伝統ともまったく無縁な人々によって推進されているからにほかなりません。彼らが口にする大学改革を修辞学的に分析するなら、それは、「新しいものは新しい」「古いものは古い」というあまりに素朴な同語反復に帰着するほかはない立論であり、これほど二一世紀にふさわしからぬものも、またとないからであります。

当然のことながら、「新しいものは新しい」「古いものは古い」と確信する人々が主張する改革の「新しさ」は、多くの場合、普遍的な原理を欠いたたんなる流行現象にすぎません。その程度の「新しさ」など、あっという間に「古い」ものとなるしかないということぐらいは、誰もが知っているはずなのです。「知」の創造と継承と発展とにかかわるわたくしたち大学人は、そうした流行現象としての「新しさ」に大学の将来を託すことなど到底できません。シェークスピアの戯曲がたえず「新しい」作品であるように、「新しさ」とは、「古いものは新しい」「新しいものは古い」という「オクシモロン」現象を身をもって生きている者にこそふさわしい現実にほかなりません。

創立五〇周年を祝いつつある金沢大学は、国立大学協会のことのほか活動的な会員校の一つとして、まさに、「古いことは新しい」という大学の「オクシモロン」現象の潜在的な意味を、世界に向けて顕在化させようとしているのです。いま、わたくしが、この場で祝福の言葉を捧げつつある金沢大学には、まさしくそうした力がそなわっていると確信しております。岡田晃学長を始め、この場にご参列の金沢大学のすべての教職員と学生の皆様がたに、そうしたわたくしの思いがとどけばと祈りつつ、祝辞を終わらせていただきます。

II　真実の位置

第三世代の大学——「塔」から「寄港地」へ

AGS〔人間地球圏の存続を求める三大学学術協力〕
一九九九年次総会開会の辞（安田講堂）

人間地球圏の存続を求める三大学学術協力〈Alliance for Global Sustainability〉の一九九九年の年次総会の開会にあたり、東京大学を代表して、ご出席の皆様方に心からの歓迎の意を表明させていただきます。一九九六年の第三回の年次総会につづいてこの総会を再度開催しえたことは、わたくしどもにとっては大きな喜びであり、このうえなく名誉なことであります。とりわけ、この開会式に、文部大臣であり、科学技術庁長官をもかねておられる有馬朗人博士をお迎えできたことには、ことのほか大きな意味があると思っております。かつて東京大学総長をもつとめられた有馬博士が、この〈Alliance〉の意味をもっともよく理解する日本の政治家であることは確かな事実だからであります。

一九九四年いらい、マサチューセッツ工科大学とスイス連邦工科大学と東京大学の教員と研究者と学生たちは、この新たな国際的パートナーシップのもとに、人類に可能であり、同時に人類にとっては必須のものである変化の創出のために、大きなチャレンジを行ってまいりました。創意あふれる彼らの共同作業は、しばしば混迷と錯誤の時代と呼ばれたりもするこの二〇世紀が、なお人類の未来に積極的な貢献をはたしうるものであることをわれわれにたえず思い起こさせてくれます。わたくしはＡＧＳの創設メンバーであるＥＴＨの前学長ヤーコブ・ヌエシュ博士、東大ＵＴの前総長吉川弘之博士、並びにＭＩＴの現学長のチャールズ・Ｍ・ヴェスト博士の勇気あふれる知的なイニシアティヴに深い敬意の念を覚えずにはいられません。ヌエシュ博士の後継者であるオラフ・キュブラー学長と吉川博士の後継者であるわたくしとは、創立時からのメンバーであるヴェスト博士との強力な連携のもとに、このユニークなパートナーシップのさらなる充実につとめてまいりました。それが可能であったのは、この〈Alliance〉の International Advisory Board の適切な助言があったからであります。この機会をかりて、その議長であるシュテファン・シュミッドハイニー博士をはじめ、Board Members の方々に深い感謝の気持ちを捧げたいと思います。

　この世紀の最後であり、同時にこの一〇〇〇年の最後でもあるこの一九九九年、ＡＧＳの活動は新たな段階にさしかかっております。前回のチューリッヒにおける年次総会の最後で予告されておりましたように、今回の総会の大きなテーマはつぎの三つに要約されます。

1) Integration of topics of the individual groups for global sustainability, 2) Visible presentation of fruits of our research activities to the public, 3) Scope of our partnership in the twenty-first century.

これからの三日間、こうした点をめぐる有意義な討論が行われ、われわれの協力関係がさらに豊かな成果をもたらすことを、わたくしは心から祈っております。

この地球をかたちづくっている大陸――アメリカとヨーロッパとアジア――を代表する三つの大学が、〈Global Sustainability〉という同じ一つの目的のために協力することには、大きな意味がそなわっております。この三つの中心を持つ〈Alliance〉は、多くの大学間の国際的な学術協定のような、たんなるアカデミックな協力関係を意味しているわけではないからであります。マサチューセッツ州ケンブリッジ、チューリッヒ、東京という三つの拠点の周囲には、それぞれの国の政府、産業界、ビジネス界はいうまでもなく、市民をも含めた多様な協力の輪がかたちづくられております。またAGSの活動が、三つの都市いがいのさまざまな地域にも緊密なネットワークを張りめぐらせていることは、これまでの年次総会への招待者たちの顔触れからして明らかであります。こうした錯綜した協力関係のネットワークは、これまでの伝統的な大学が社会ではたしてきた啓蒙的な役割とは異なる役割を演じ始めていることをつげております。おそらく、未来の大学は、たんなる知識の特権的な発信基地とは異質の機能を、その責任として引き受けることになるはずです。そのような責任をおびた大学を、わたくしは第三世代の大学と呼んでおります。その第三世代の大学のイメージを、このAGSの試みが雄弁に素描しようとしていることに、わたくしは大きな意義を見いだしております。

第一世代の大学とは、いうまでもなく、中世にヨーロッパで生まれ、神学や形而上学を学問の中心に据えていた大学にほかなりません。そこでの教育や研究は、「神」や「真理」のような超越的な価値を参照することで形成されておりました。そこでの人間の位置は、超越的な価値に対しては明らかに二義的なものにとどまっており、思考する主体としてはいまだ確立されてはいませんでした。こうした知識の伝達の構造は、ミシェル・フーコーが「認識論的な変化」をそこに認めている一八世紀の終わりから一九世紀の初めまで、本質的な変化をこうむってはいなかったといえます。もちろん、ギルド的な集団として生まれた中世の大学は、ルネッサンス以後、しかるべき発展を経験してはいるのですが、その構造は、知識の超越的な価値への従属という点では、印刷術の歴史が蒸気機関の発明による輪転機の導入まで陥っていた惰性体にも比較さるべき状態にあったといえるからです。

わたくしが第二世代の大学と呼ぶものは、一九世紀の前半、西欧諸国における資本主義的なシステムの確立期に、「国民国家」の近代化にふさわしい諸制度の一つとして生まれたものであります。そこでは知識の伝達構造に一つの不可逆的な転換が起こっており、国民の啓蒙が主流となり、超越的な価値は知識の伝達構造から排斥されたからであります。例えば、それまで超越的な価値としての「善」を反映する二義的なものでしかなかった「法」は、そこに書かれているものこそが「善」なのだという具合に、一義的な価値をおびることになるのです。こうした転回が近代的な大学のあらゆる学問領域で起こっていたことはいうまでもありません。そこでは、人間が明らかに知識の主体として位置づけられることになったのであります。

皆様がたがお集まりのこの講堂の上には、わたくしが積極的に醜いと思う時計台がそびえ立っておりますが、この塔のイメージこそ、いまや時代遅れのものとなり始めている第二世代の大学の象徴にほかなりません。第二世代の大学は、それまで超越的な価値とされていた「真理」を世俗化されたものとして占有し、周囲の社会との間にたやすくは超えがたい境界線を引くことになったからであります。かくして大学は特権的な「真理」の閉域となり、知識の伝達は、その内部から外部へという一方的なものにとどまっておりました。知性もまた、否定による相対的な差異の識別能力に還元されていました。それらのものが、近代化の一時期に国力の増強に貢献したのは確かな事実です。しかし、同時に、「真理とは、みずから真理だと錯覚した錯覚にすぎない」とフリードリッヒ・ニーチェが皮肉をこめてかたった状況が大学の内部にかたちづくられたのも事実であります。大学教授たちの社会的な地位は向上し、その権威ある啓蒙によって国家に奉仕するという機能を強化したのです。

わたくしが第三世代の大学と呼ぶものは、こうした閉ざされた知識の伝達構造を大がかりに変化させることで実現されるものにほかなりません。後期産業社会における大学は、もはや、高い塔によって象徴される世俗化された「真理」の占有者であることをやめるしかないからであります。また、第二世代の大学では、たんに認識の主体であったはずの人間が、ここでは、同時に認識の主体でもあれば対象でもあるという二重の役割を演じるしかなくなっているからでもあります。生命科学とは、人間のこの二重の役割への自覚によって発展する学問領域にほかなりません。第三世代の大学では、そうした学問が中心になるはずです。

もちろん、人類は、第三世代の大学の構造と機能をいまだ充分に自分のものとしてはおりません。しかし、それが、複数の社会集団との間で率先して行うインタラクティヴな情報の交換をみずからの活力とすることになるのは間違いありません。それは、知識の主体でもありその客体でもある人間にとって、当然のなりゆきであります。また、それぞれの大学の構成員たちは、国籍や専攻領域を超えて交流し、知識を共有しあうはずです。知性は、相対的な差異の識別能力にとどまらず、絶対的な差異を肯定する資質によって判断されるでしょう。そこでは、距離は決定的な意味をもたず、相対的なものとなり、さまざまな情報伝達の手段によって実現される遠隔教育が盛んになるはずです。流動性が飛躍的に高まり、研究者たちの交流はいうまでもなく、学生たちも、地球上の異なる場所に位置する大学での教育で単位をとることが可能になります。そして、大学教授たちの権威は、一定の社会だけに流通する知識の占有によってではなく、知識の横断的な受信と発信の能力によってはかられることになるでしょう。わたくしは、そうした第三世代の大学を、内陸と外洋とが接触しあう開かれた「寄港地」のようなものとして思い描いております。そこでは、国籍を異にする人々が出会い、情報を交換しあい、また別れてゆき、知識の占有とは異なる非定住的な力学が支配しております。それは、ときに「塔」のイメージによって象徴されがちだった第二世代の大学にはありえない流動性がかたちづくられるのです。

そうした第三世代の大学が貢献するのは、もはや一つの国家の発展ではなく、人類の存続であり、その生活環境とこの地球そのものなのであります。この地球とは、それ自体として肯定さるべき絶対的な差異にほかならず、否定による相対的な差異の識別によって形成される知識の対象にはとどまりがたいものです。つまり、思考する主体の分析だけでは把握しがたい対象なのであります。わたくしがこの三大学の緊密なパートナーシップによる〈Alliance for Global Sustainability〉にとりわけ重要な意義を認めるのは、その共通の目標が、第二世代の大学の構造に必然的な変化をうながさずにはおかぬからであります。その変化を率先して招き寄せようとするとき、第三世代の大学のイメージは、初めて具体的な輪郭におさまることになるでしょう。その構造を支えているのは、思考する主体による知識の占有ではなく、その同時的な交換の機能であります。また、人材の一定の場所への定着ではなく、その流動性の力学であります。そして、何にもまして、それは、相対的な差異の識別能力ではなく、絶対的な差異を肯定する資質なのであります。〈Global Sustainability〉とは、こうした三つの条件によって実現される未知の概念にほかなりません。わたくしたちは、いうまでもなく、その概念の具現化のために、いまここに集まっているのであります。

この挨拶を終えるにあたり、知識の交換と人材の流動性と肯定の資質とをそなえた知的な磁場が、東京大学の内部にかたちづくられようとしていることを、誇りとともに報告したいと思います。それは、第三のキャンパスとしてわたくしたちが獲得した千葉県柏市に建設予定の「新領域創成科学研究科」と呼ばれる大学院であります。わたくしたちは、二一世紀にふさわしい新たな構想に大学を現実化すべく、ここから二十数キロ離れた土地に新たなキャンパスの獲得をめざして、十数年まえから複雑な予算折衝を行ってまいりました。その構想の一部は実現しつつあり、すでに獲得した一二ヘクタールの土地に物性研究所と宇宙線研究所の建物の建設がほぼ終わりかけているところであります。さらに、幸運なことに、それに隣接する一二ヘクタールの土地がわたくしたちのものになったのであります。環境学や生命科学の研究をその重要な使命とする新領域創成科学研究科の新設が認められ、その建物の一部の建設も、新たに獲得された土地でこの四月以降に始まる可能性がほぼ確実となったのであります。

第三世代の大学のイメージを先取りしているこの「新領域創成科学研究科」は、このＡＧＳの発展にとって重要な貢献をはたしてくれるでしょう。それは、「塔」ではなく「寄港地」として、皆さまの自由な逗留をまちうけております。わたくしは、この開かれた空間が、流動性と交換と肯定の行き交う刺激的な環境として、ＡＧＳの研究者を最初の訪問者として受け入れることを期待しています。

真実の位置

日仏高等教育シンポジウム
一九九八年一一月五日（三田共用会議所）

文部事務次官の佐藤禎一氏についで、日本の大学制度についてフランスの大学学長諸氏にご説明申し上げる機会を与えられましたこと、わたくしにとりましては大変光栄なことであります。これから、限られた時間で、それとは異なる視点からわたくしのつとめをはたそうと思っております。佐藤氏は、ごく最近文部大臣に提出されました大学審議会の答申の内容を分析記述することで、現在、日本の大学が直面している諸問題を明らかにされました。わたくしは、ここで、若干の歴史的な考察を加えることで、わが国の高等教育の特質のいったんを明らかにしてみたいと思います。

ここで、いささか個人的な問題に言及することをお許しいただけるなら、わたくし自身は、一九六八年以前のフランスの大学で学び、六八年以後のフランスの大学で教えた経験を持っております。また、それ以降も、今日にいたるまで、共同研究や学会出席のため、年に数度のフランス滞在をくりかえしており、両国の大学制度にどのような違いがあるかはある程度まで心得ているつもりです。その違いを超えて新たな協力関係を樹立するために、わたくしたちは、いまここに集まっております。これはかつてないよろこばしい事態であり、わたくしはそのことを祝福してやみません。この歴史的な会合を準備された日仏両国の関係者のみなさまには、心からの感謝の気持ちを捧げたいと思います。

いまお話ししたように、われわれ二つの国の高等教育の制度には多くの違いが存在しており、それは否定しがたい事実であります。例えば、フランスには日本の私立大学にあたるものはほとんど存在しておりません。また、日本には、フランスのグランゼコールにあたるものは存在しておりません。こうした明らかな違いにもかかわらず、現在、両国の高等教育が直面している問題はほぼ同じものに帰着すると思っております。それは、わたくしが「第三世代の大学」と呼んでいるものをどのように組織するかという問題であります。日本とフランスにとどまらず、現在、アジアにおいても、ヨーロッパにあっても、われわれは、わたくしが「第二世代の大学」と名付けている制度の機能不全に直面し、改革の必要性を痛感しているところです。「誰」に、「何」を、どのような「方法」で教えたらよいかという疑問に、大学自身が充分答えきれずにいるのは確かだからであります。

佐藤氏も指摘されたとおり、この点をめぐって、アメリカの一部の研究者たちは、「エリートからマスへ」という図式を提出しております。つまり、「誰」に、「何」を、どのような「方法」で教えるべきかという命題の「誰」にの部分に、大きな変化が生じつつあるというのです。なるほど、これは間違いのない事実であるかにみえます。事実、わたくしが入学した当時の東京大学は一八〇〇人の新入生しか受け入れておりませんでしたが、現在では、その倍の三六〇〇人がこの大学の入学試験に合格しております。しかし、「エリートからマスへ」という図式はいささか粗雑にすぎるようにわたくしには思えます。問題は、「何」をの部分にも大きな変化が生じており、その変化は、合衆国においてさえ「エリートからマスへ」という図式とはいっさい無縁に起こっております。事実、合衆国の政府が、物理学のある種の領域に対する予算を大幅に縮小し、それを生命科学の分野にふりあてたことは誰もが知っております。その結果、アメリカの物理学者の一部が東京大学の宇宙線研究所の研究施設スーパーカミオカンデや、ヨーロッパのＣＥＲＮに研究の場を移したわけですが、これは「エリートからマスへ」という図式とはいっさい関係がありません。文系・理系横断的な発想でその確立が急がれている環境科学の重要性も、それとは無縁であります。また、人文科学の領域でいうなら、昨今のアングロサクソン系の大学で流行している「カルチャラル・スタディーズ」の必要性も、同様であります。

では、世界の大学が、「誰」に、「何」を、どのような「方法」で教えるべきかという疑問に充分答えられていないとするなら、それはどのような理由によるのでしょうか。わたくしは、ここで、いささか視点を変えて、「真実の位置」という主題を提起したいと思います。さきほども言及いたしました「第二世代の大学」「第三世代の大学」という概念も、「真実の位置」と関係しているからであります。それはまた、日本の大学制度の歴史とも、ある種の関係を持っているからであります。

わたくしが総長をつとめている東京大学は、日本で最も古い国立大学として、一八七七年に誕生いたしました。昨年、一二〇周年を祝ったばかりのところです。昨年は、日本で二番目に古い国立大学である京都大学が、創立一〇〇周年を祝ったところであります。今年は、中国の北京大学が創立一〇〇周年を祝ったところです。日本の最も古い私立大学の一つである慶應義塾の場合、それが法律的に大学として認知されたのは一九〇四年のことですが、一八九〇年からはすでに大学として機能しており、主要な私立大学の成立はほぼこの時期にあたっています。東京大学は、京都大学の創立とともに、東京帝国大学となり、京都も同じ呼び名で呼ばれることになります。儒教の教えに基づく中国古典の教育を使命とした韓国の成均館大学が今年生誕六〇〇年を祝ったことを例外とするなら、東アジアの由緒ある大学のほとんどは、ほぼ百数年の歴史を持っていることになります。それらの多くは、この地域の国々が国民国家として発展するために必須の装置として、当時のヨーロッパの大学をモデルにして構想されたものであります。それは、資本主義の興隆期に、あくまで近代的な制度として成立したものであり、そのような大学をわたくしは「第二世代の大学」と呼んでおります。

ボローニャ、パリ、オックスフォードなど、中世に成立した西欧の由緒ある大学を、わたくしは「第一世代の大学」と呼んでおります。ギルド的な集団として成立したこうした大学と、一九世紀に近代的な装置として発展した大学とを隔てているものは、あくまで「真実の位置」であり、学生数の絶対的な違いではありません。皆さまよくご承知のことではありますが、「第一世代の大学」においては、「真実」が人間の知性を超えた超越的なものとして想定されておりました。それは、一方で神学の問題であり、また形而上学の問題でもあり、いずれにせよ、高さのイメージ、すなわち至高性によって象徴されることになるでしょう。問題は神学や形而上学にとどまるものではありません。例えば、法律は、超越的な価値としての「善」に従属するものとして、二義的な位置しか与えられておりませんでした。ところが、近代国家の形成期に成立した「第二世代の大学」においては、その関係が完全に逆転いたします。法学部においては、法律に書かれていることが「善」として教えられることになったからです。

わたくしが「真実の位置」と呼んでおいたものは、こうしたことにほかなりません。近代的な装置として大学が機能しはじめた一九世紀において、「真実」は明らかに超越的な価値であることをやめ、大学に所属することになるのであります。ニーチェが「神の死」をとなえたのとほぼ時を同じくして、「真実の位置」は大学そのものへと移行します。そのとき、大学の教授は、みずから「真実」の体現者として社会的な地位を獲得することになります。

「真実とは、自分が錯覚であることを忘れた錯覚にすぎない」といったとき、ニーチェは明らかにそうした状況に充分すぎるほど自覚的でありました。だが、そのことに自覚的だった大学の教授は、どれほど存在していたことでしょう。

東京大学を始め、初期の日本やアジアの大学がモデルとしたのは、そうした近代西欧の「第二世代の大学」にほかなりません。勿論、いまから百数年前の日本には、みずからを「真実」の体現者だと主張しうるような人物は一人もおりませんでした。創立当初の東京大学でさまざまな学問領域の講義を担当したのは、ときの政府が高給で雇い入れた西ヨーロッパの学者たちだったのであります。ナポレオン三世による第二帝政には比較的好意的だった当時の指導者層が、パリ・コミューンによる社会的な混乱と、それに続く戦争でのプロイセンの勝利によって、模倣すべきモデルをフランスから徐々にドイツに移行させていったのは、興味深いエピソードといえるかもしれません。

ここで、いまから一〇〇年前の日本人の名誉のために、ひとこと言い添えておきたいことがあります。それは、しばしばそう信じられていたように、当時の大学は、すべてが西欧の模倣によって成り立っていたわけではないということです。それを証明するために、二つの事実を挙げておきます。一つ目は、工学と農学という、どちらかというと職業訓練的な色彩が強く、フランスならグランゼコールとして成立しそうな領域を、創立から一〇年ほどの間に独立の学部として大学に吸収したという事実であります。二つ目は、創立当初から、大学の入学に厳しい選抜試験を課し、グランゼコール的な要素を取り入れていたという事実であります。この二つの事実は、第二次大戦後の学制改革にもかかわらず今日まで受けつがれ、よきにつけ、あしきにつけ、日本の高等教育の一つの特徴となっております。とりわけ、工学を一つの学問としていちはやく認知したことが、近代日本のその後の繁栄と無縁ではなかったという点に、ご注目いただきたいと思います。現在、工学部は、一〇学部からなる東京大学の最も大きな学部であり、同じ工学部系の生産技術研究所も、一一存在している研究所の中で、最も大きい研究所となっております。

ところで、ここで話題をいったん創立当時に戻すと、東京大学の講座のほとんどが日本人の教授によって担当されるにいたったのは、二〇世紀に入ってからであります。また、日本の大学の教授たちがみずからを「真実」の体現者と自覚し始めるのは、第一次世界大戦の終結による好景気の到来以後のことであります。「大正デモクラシー」と呼ばれる自由な気運に促されて、それぞれの大学の学部は「学問の自治」の重要性を主張し、大学にこそ「真実の位置」が認められると考えるようになったのであり、ある程度まで、世間もそれを受け入れるようになりました。それは、軍国主義的な傾向がかなり強まった一九三〇年代の中期から一〇年ほどの間も、政府の干渉を排して自主的な学長選挙の原則を維持するというかたちで受けつがれておりました。東京大学のすべての学部の教授たちは、そのことのうちに、みずからが「真実」の体現者だという自覚を発見していたのであります。その意味で、「真実の位置」すべき場所は、あくまで大学だと考えられていたことになります。

これからわたくしが申し上げることは、ことによると、ここにご出席の日本人の方々といささか意見を異にする問題かもしれません。その場合は、のちほどご批判を頂戴したいと思いますが、わたくしの考えでは、第二次世界大戦後の一九四七年に学制改革が行われ、多くの新制大学が誕生し、多くの若者を新たに大学生として受け入れ、東京帝国大学や京都帝国大学と呼ばれていたいわゆる旧制大学が、それぞれ東京大学、京都大学として新たに発足して以後も、日本の高等教育の制度は、本質的に変わらなかったのであります。現在の日本にはほぼ一〇〇の国立大学が存在し、五〇〇近い私立大学が存在しており、そこには、明らかに「エリートからマスへ」の移行が起こっております。しかしながら、一八七七年に「第二世代の大学」として東京大学が創設されていらい、「誰」に、「何」を、どのような「方法」で教えるかという点に関しては、本質的な変化は起こらなかったというのが、わたくしの意見なのであります。これは、いわゆる「制度改革」というものの限界であり、高等教育をめぐっての「革命」は起こっていなかったというささかペシミスティックな立場にわたくしは立っております。

あえてそう主張せざるをえない理由は、現在、「真実の位置」にいかなる変化も見られないからであります。大学の教授は、いまなお、みずからを「真実」の体現者とみなしております。大学に対する世間の風当たりが強くなったといわれている今日でも、その状況に変わりはありません。生涯教育の重要性が説かれ、遠隔教育をめぐる試みが各地で実践され、産学共同の研究がますます盛んになり、教授の任期制や流動性が議論され、評価機関の設置が緊急の問題だと熱っぽく語られ、いまでは、日本の国立大学の独立行政法人化という問題さえ浮上していながら、「真実の位置」をどこに想定すべきかという肝心な問題に、人びとはいたって無関心なのであります。

「真実の位置」をめぐっては、いま、二つの異なる考えが存在しております。一つは、「真実」などもはやどこにも存在しないという立場であり、これは、ポストモダン的なものと形容されるかもしれない考え方だといえるかもしれません。いま一つの、「真実」はいたるところに存在するという立場でありますが、「真実」はもう大学の独占物ではないと主張しているかにみえるこの考え方も、基本的には同じポストモダン的なものだというべきでしょう。わたくしは、このポストモダン的な姿勢を共有いたしません。その理由は、そうした主張が、結局のところは、ほんのわずかな制度改革を隠れ蓑として、みずからを「真実」の体現者だと主張する大学教授たちとともに、「第二世代の大学」を生き延びさせてしまうからです。

では、いま、「真実の位置」をどこに想定することができるのでしょうか。権威ある国際的な学会誌の編集委員たちの頭の中でしょうか、それとも、インターネットの網状組織の襞の中でしょうか。あるいは、マスメディアにあふれる多様で移ろいやすい情報の中でありましょうか。「第三世代の大学」のイメージを思い描こうとするとき、わたくしたちが恐れねばならないのは、「真実」の消滅でも、その過剰なまでの遍在性でもありません。わたくしたちが恐れるべきなのは、「真実」の過剰であります。より正確にいうなら、「真実」そのものではなく、「真実」をめぐるイメージの飽和状態なのであります。実際、現在は、生命そのものへの好奇心より、生命科学をめぐって書かれた安易な啓蒙書への興味の方がはるかに強烈な時代なのです。わたくしたちが、いま、それと意識することもなく足を踏み入れつつあるのは、あたかも「真実」であるかに振る舞っているその破片化された代価物にみちあふれた空間にほかなりません。

何よりも厄介なのは、「真実」のイメージにすぎないはずのものが、決定的な誤りではなく、なにがしかの「真実」でもあることなのです。実際、テレビのCNNのニュースは、語られている事件について虚偽の報道をしているわけではありません。それは、「真実」そのものではないにしても、きわめてそれに近い抽象化された記号なのです。だから、そのときわれわれは、「真実」から「誤謬」を選別するというあのプラトン的な身振りを演じることはできません。そうすることは、現代の「メディア現象」そのものを根本的に否定することにほかならないからです。かりにそうしていれば、結局は「真実」の体現者としての教授を、「第一世代の大学」における超越的な「真実」へと誘う反動的な郷愁をあたりに煽り立てることしかしないでしょう。

いま、「真実」は、「真実」にはなはだしく似かよっており、決定的な「誤謬」とは断じえないもののかたわらに位置しております。「第三世代の大学」が大学として機能するためには、「エリートからマスへ」といった図式ではなく、この新たな「真実の位置」を見定め、それに基づいてどのようにという「方法」を作りださねばならないはずです。そのためには、一つの国の一つの大学とは異なる緩やかな組織が必要です。わたくしたちは、いま、そのことのためにここに集まっているのではないでしょうか。

構成されたモラル

芸術文化勲章授与式
一九九九年二月二七日（在日フランス大使公邸）

フランス共和国の芸術文化勲章コマンドール位をわたくしに授与されるその理由を、大臣のお言葉として拝聴させていただきました。それに耳を傾けることのできた感動をここに表明することを、どうかお許しいただきたいと思います。大臣の寛大なるご指名に対しまして、真摯なる謝意を述べさせていただく次第であります。この高度なる栄誉は、わたくし個人にとどまらず、一九九七年いらいわたくしが総長の地位にある東京大学にとりましても、言葉にはつくしがたい栄誉であります。わたくしは、貴国フランスに対していだいておりますす友情の名において、この栄誉を受けさせていただく所存であります。貴国における芸術的かつ知的ないとなみは、たえずわたくしを惹きつけてやまなかったからであります。

日本とフランスとの文化交流にとりましては特権的な空間ともいうべきこの大使公邸にお招き下さいました大使閣下にも、心から御礼申し上げます。フランス文学を研究、教育し、文学と映画の批評家でもある者といたしましては、この芸術文化勲章の受勲によって、わたくしたち二つの国のきずながさらに強まりますことに、大きな喜びを覚える次第です。今日の式典が、その関係をさらに緊密なものとしてくれるものと、わたくしは確信しております。

昨年、わたくしたちは最初の日仏大学学長会議を開催いたしました。その会議は、すでにもろもろの好ましい果実を生み落としつつあります。事実、わたくしは、大臣のご出身地であるストラスブールのルイ・パストゥール大学のメランドール総長と、新たな事項を含んだ学術交流協定に調印したばかりであります。研究者や教官の交流にとどまらず、若い学生の交流がいまや緊急の課題となっております。わたくしといたしましては、日本におけるフランス年の、とりわけ文化的、学術的な分野におけるその積極的な成果には、ただこれを祝福するのみであります。

とりわけ、大臣閣下が、ドラクロワの『民衆を導く自由の女神』の初めての日本公開にあたって来日されたのと同じ週に、わたくしがこの個人的な名誉に恵まれましたことは、まことに意義深いものがあります。わたくしたちは、この傑作の価値が、すぐに認められたわけではないことを承知しております。フランスのアカデミーの見解も発表当初は分かれておりました。これがのちに称賛されることになるには、偉大な芸術批評家であり熱烈なドラクロワ擁護者であったボードレールの役割が、決定的だったのであります。

その文章の一つで、ボードレールは、スタンダールの言葉を引用しながら、「絵画とは、構成されたモラルにほかならない」と述べております。それは「モラルという言葉を、いくぶんか自由主義的なものとするなら、それはあらゆる芸術についていえるだろう」と主張するためなのです。すなわち、それは「統一性の中にみられる変化であり、絶対がまとう複数の表情だ」というのでありますが、その言葉は正しいものだったというべきでしょう。まさしく、それは、芸術の最良の定義にほかなりません。

大臣閣下。あなたがフランスから持ってこられたのは、まさに「構成されたモラルにほかならない」絵画作品なのであります。ボードレールは、「ドラクロワは後世からどんな評価を受けるだろうか」と問うておりましたが、二〇世紀末における日本でのユニークな展示が、それに対する圧倒的な答えであります。どうか、そう確信なさっていただきたいと思います。芸術作品においてわたくしたちを魅惑するものは、まさしくスタンダールによって定義され、ボードレールによって引用された「統一性における変化」、「絶対がまというる複数の表情」、すなわち「構成されたモラル」にほかならないからであります。

わたくしは、ごくつつましくではありますが、いま申し上げましたようなかたちでのフランス派の芸術批評の系譜につらなる者であると、みずからをみなしております。フランスの同僚や友人たちとの、自国語ではない言語でのいくたの討論が、いま記憶によみがえってまいります。彼らは、理論的な考察や研究の現場でわたくしを支えてくれましたし、いまもなお支えつづけてくれております。彼らの友情あふれる支援なしには、こうした研究をここまで行うことができなかったのであります。わたくしは、いまここにはいない友人たちと、今後の喜びを共有できればと思います。

最後に、この名誉をわたくしにお与えくださることにお力をそえて下さいましたすべての方がたに、心からの感謝の気持ちを表明させていただきます。また、わたくしの感謝の気持ちは、いまここにおられる日本の同僚や友人にも向けられております。さらには、いささか例外的ながら、ここで妻シャンタルの名を挙げることをお許しいただきたいと思います。彼女の理解なしには、この栄誉ある受勲にふさわしい業績を挙げえなかったはずだからで、最後の感謝の言葉は妻に向けられねばならぬと信じておるからであります。

ご清聴を感謝します。

作品の時間——記憶と予兆

パリ第八大学・東京大学・ジュネーヴ大学
共催シンポジウム開会の辞
一九九九年五月二〇日（パリ第八大学会議室）

いまから二年前、わたくしたちは東京の駒場に集まり、『ポストモダニズム以降の近代』というテーマが提起しうる種々の問題を討議しておりました。本日、パリ第八大学のご厚意により、わたくしたちは、このサン・ドゥニの地で再会し、『作品の時間——記憶と予兆』という超域的な主題をめぐって討議を続けるという好機に恵まれております。この問題は、わたくしたちを時間というもののさなかに、すなわち、すでに生きられたものとつねに現在であるものの中間に位置づけてくれます。それはまた、わたくしたちを更新しつつ、みずからもまた更新されてゆく持続というものをめぐる考察を、活気づけてくれる問題でもあるでしょう。このとらえがたい現在というものは、わたくしたちの批判的な視点が時間と空間とを同時にとらえるときに、初めて触知可能なものになります。わたくしたちはたがいに異なる理論的地平からこの討論に参加しようとしているので、この三日間の対話がことのほか豊かな意見の交換の機会となることは間違いないと、わたくしは確信いたします。

この第二回目の集会に参加できたことは、わたくしにとりましてまことに大きな喜びであります。その喜びは、当初パリ第八大学と東京大学だけを意味していた「わたくしたち」が、過去二年間のうちに、このシンポジウムの共催者となることを受け入れられたジュネーヴ大学の参加によって、三つの大学を意味することになっただけに、なお一層大きなものとなっているのであります。この三つの大学を結びつけている共感のきずなは、もちろん、いま結ばれたばかりのものではありません。東京大学の総長として、わたくしは一九九七年にパリ第八大学とジュネーヴ大学との間の交流協定に調印するという名誉に恵まれておりますが、わたくしたちの学問的かつ知的な対話は、それぞれの大学の研究者たちの共同研究によって、そのときすでに確かな姿をとっていたのであります。今日の会合は、そうした先行する研究者たちの努力なくしてはありえないものであり、わたくしとしては、そうしたよき先例をひたすら祝福するのみであります。

わたくしは、パリ第八大学学長のルノー・ファーブル教授と、お名前をあげることはさし控えさせていただくその同僚のすべての方々に、心からの謝意を表明させていただきます。わたくしの友情あふれる思いは、とくにこの催しの責任者の一人であり、わたくしたちのパリ滞在にかかわる厄介な実践的問題に繊細な配慮を示して下さったジャック・ネフ教授に向けられます。二年前のよく晴れた夏のとりわけ暑い午後のパレ・ロワイヤル公園で、ジャック・ネフとわたくしとが初めてこのシンポジウムの可能性について話しあったときのことが、いま、記憶によみがえってまいります。そのときの計画が、こうして実現されたことに、わたくしはことのほか大きな喜びを覚えております。わたくしとジャック・ネフとの友情は、一九七四年、スリジー・ラ・サルでのフローベール・シンポジウムの折りに結ばれました。そのとき、わたくしたちは、ある日、これほど緊密な協力関係のもとで何かを実行できるなどとは、夢みてさえおりませんでした。そのことは、「記憶と予兆」という本日の討論の主題をはっきりと描きだしていはしないでしょうか。

国立大学のエネルギー

原子核科学研究センター発足式典挨拶
一九九七年六月五日（原子核研究所）

本日はお忙しいところ、原子核科学研究センターの発足式典にかくも多数ご出席下さり誠にありがとうございました。東京大学を代表いたしまして皆さま方のご列席に深く感謝致しますとともに、この新たなセンターの発足にあたりまして一言ご挨拶申し上げます。

東京大学は本年創立一二〇周年を迎える日本で最も古い国立大学であります。本日その発足式典を迎えましたこのセンターは最も古い国立大学の中での最も新しいセンターでございます。東京大学がその力を最も発揮できるのは、わたくしの考えではその最も古いものとその最も新しいものとが絶えずいたるところに共存している点にある、と思っております。センターの設立経緯に関してはセンター長からお話があり、またそこでの研究目的については理学系研究科長からお話がございました。わたくしは研究分野をまったく異にしておりまして、その十分の一も理解できないわけですが、このセンターが発足したということの重要性はそれなりに充分自覚しているつもりでございます。と申しますのは、この日本という科学技術立国をめざした国におきまして、随分時間をかけたということはあろうかと思いますが、基礎研究の重要性が充分認識され始めまして、そしてそれに対して然るべき措置を効果的な規模で施すことが可能になり始めたということがあるからであります。そして、それが可能であるのは東京大学が国立の大学であった、ということと深く関係しているように思います。

つい先日『アジアンウイーク』という香港を中心にした週刊誌がございますが、そこでアジアの大学ベストテンという企画をいたしまして、東京大学は第一位に輝く栄誉を得たわけであります。これは当然とは申しても、その一〇位までの七つがやはり国立大学であったことは、改めて注目すべき事実であります。北京大学、台湾国立大学、ソウル国立大学校等々、これはやはり国立大学でしかできない研究があるからだとわたくしは信じておりますす。とりわけ今日発足いたしましたこのセンターはその一つだと確信しております。

これは一九八一年に遡ることでございますが、東京大学は宇宙航空研究所を廃止いたしまして、宇宙科学研究所の発足に大きく貢献したわけでございます。この時代から東京大学は国立大学でありますが故にその持てる力の最も重要な部分を東京大学の外部に放出する事によって、そのことによって内部のエネルギーをさらに増し、それを利用して作られた新たな研究施設のエネルギーも高めるという、そのような役割を担って参りました。ある種の加速器といったらよろしゅうございましょうか。一九八八年には、ご承知のように東京天文台を国立天文台に移管いたしました。そして今日のこのセンターの発足は、皆さま方ご存じのように原子核研究所の改組再編というような形で新たに筑波に高エネルギー加速器研究機構の一部といたしまして、また、たんなる一部ではないそれに大きな力を与えた一つのパーツとして東京大学から外に出ていった訳であります。東京大学は国立大学として絶えず膨張していると思われがちですが、その最も重要な部分を絶えず東京大学から外部に放出することによって、そのことでエネルギーが低下することなく、逆にそのエネルギーが高まり、また、その放出場所ではそのエネルギーをより高めるという、やはりこれも国立大学ならではの役割を担ってきたとわたくしは信じております。本日ここにご参集下さった皆さまはこの国立大学及びさまざまな国立研究機関を代表なさっておられる方々でございますが、この国立であるという利点を今後も益々発展させて日本の科学技術の発展に力を添えて頂ければ、東京大学に働きます一員といたしまして、これに勝る喜びはございません。最後になりましたが、このセンターの発足にあたりまして、さまざまなお力をお貸し下さいました、各方面の方々に心より御礼を申し上げます。どうもありがとうございました。

制度と個人

留学生国際シンポジウム挨拶
一九九八年一〇月二一日（東京大学山上会館大会議室）

わたくしは、今からちょうど三五年ほど前に、ある国の政府の奨学金をいただきまして、その国の首都にある有名な大学で勉強していたものでございます。わたくしはそのとき、その国の言葉で論文を一つ仕上げるということを自分の使命として課しておりましたので、その論文を仕上げるまでの時間と、それに必要とされる奨学金の長さというものが大変大きな問題になっておりました。奨学金の長さというのは、わたくしはほぼ三年半で論文を仕上げるつもりでおりましたので、その奨学金が二年で切られるか、二年半で切られるか、それとも三年で切られるか、ということが非常に大きな問題でございました。今から三五年ほど前は一ドルが三六〇円でございましたから、日本円をもっていくことがほとんど意味のない時代だったということを思い出していただきたいと思います。

そして、わたくしは指導教授からの非常に強い推薦状をいただいたわけですが、やはり三年の奨学金をいただくというのは非常に困難なことで、二年半で切られてしまいました。その後の一年を、わたくしは自分自身のアルバイトによって、そして多少の親からの仕送りによってしのぎ、ほぼ三年で博士論文を完成いたしました。

しかし、今ならばコピー機というものがあるので、一つの論文は簡単にコピーすることができますが、三五年前には、非常にすぐれたタイピストが、五枚の紙をタイプに詰めてその間にカーボン紙を入れて、打ってもらうという形でしか論文はできなかったわけです。自分が五枚の紙を入れて打ってみても、どうしてもわたくしの文章が五枚に写ってくれません。

そこでわたくしは、かなり高価なタイプライターの専門家に頼んで、五枚の紙をタイプに差し込み、それを三〇〇枚ほど打ってもらいました。今からは想像できないことですが、当時、論文はそのようにしてでき上がっていたわけです。そして、そのタイピストからわたくしのところに来た請求書は、わたくしの当時の財政状態をはるかに凌駕しておりました。

どうしたらいいかということで、わたくしはその大学の留学生係に行き、このタイプライターのための印刷費を何とか援助してくれないかという申し出をしました。数日後にその係からアポイントメントがとれたという知らせを受け、出かけてまいりました。そのときにも指導教授からの推薦状と、そしてわたくし自身が今どのような状態にあり、いつこの論文の審査が始まるかということを説明いたしました。それを聞いていた女性の係官が、「それでは、その印刷費をあなたに上げることにしましょう。一週間後に小切手をとりにいらっしゃい」といわれたので、わたくしはほっとして自分の下宿に戻ったわけです。

そして、一週間後にそのオフィスに出かけてみると、わたくしが請求したよりも一けた多い小切手がわたくしの手元に渡されたわけです。わたくしはびっくりしてその女性に尋ねました。「どうしてこれほどの高額の小切手をちょうだいすることができるのでしょうか」。するとその女性は、「あなたは、この間勉強をし、そしてこの国で博士をとられました。その博士論文のためにあなたはこの国に滞在していたということがわかります。あなたが博士論文を書いたことはこの国にとってよいことです。したがって、あなたがこの博士論文の審査を受けるその月及びその前後の三ヵ月分の滞在費を差し上げましょう」といわれたわけです。

わたくしはすっかり喜び、そしてまた、そのような措置をとってくれたその事務職員に大層感謝いたしました。わたくしはその職員に、「こういうことは規則なのでしょうか。ある一人の人が論文を完成させ、その論文のタイプライター代を出してくださいとお願いしたときに、ごく自然につくものでしょうか」とお尋ねいたしました。するとその職員は、「そうではありません。あなたのさまざまなこれまでの業績をいろいろ調べてみて、そのようにするのが私にとって最良の決断であると思ったから、私一人の意思でこれだけのお金を差し上げるのです」、といわれたときは、わたくしは大層びっくりいたしましたし、そのような制度を自分なりに活用してくれる事務職員の方がおられるその国にある種の憧憬を覚えました。

そのようにしてわたくしは、今から三五年ほど前にめでたくわたくし自身の論文を完成させ、そして日本に帰ってきたわけですが、すでにわたくしはその人の名前も顔も忘れてしまっています。しかし、そのような措置をとってくださった事務職員と、その背後にあったその国の行政組織というものに対して、強い感謝の念をいまだに抱いております。

留学生を迎えるということは、そのような措置をとる可能性がそれぞれの機関に存在し、そしてそれを実行に移してくれる一人の職員がいるということを意味しております。果たして日本がそのような体制を今整えているでありましょうか。わたくしは整えつつあると思いつつも、若干の疑念を抱いております。わたくしが今いるこの立場に立って、そのような制度をすべて変えることはできませんが、多くの方々にそのことを申し上げて、そうした方向に制度を変えていきたいと思っております。

そして、そのときお会いした方、その事務職員の方とわたくしとの間にあった関係は、果たして、今ここでいわれている地域交流といったようなものになるのでしょうか。わたくしが考えるのは、ある一つの重要な問題を取り上げ、そのことを大きな課題として義務のように考えることはいささか危険なことだと思います。

地域交流、これは大変結構なことですが、そのもとになるものは何かというと、やはり人間の決断であります。その決断なくして地域交流というものはあり得ないと思いますので、地域交流はすべきだという義務の意識からではなく、することができるのだという喜びの決断を一人ひとりがもつことであると思っております。簡単でございますが、ご挨拶にかえさせていただきます。

大学の未来を語る

第八回東京大学環境安全研究センターシンポジウム
一九九八年六月一〇日（安田講堂）

只今、ご紹介にあずかりました蓮實でございます。

これから、大学の未来についてお話しさせていただきたいと思います。実は、このような題でお話しすることは、わたくしは非常に苦手でございます。大学一般は言うに及ばず、東京大学というものに関してさえ、総長という立場にありながら、その全貌を充分認識しているとは言いがたいものであります。まず、東京大学の施設は、北海道から奄美大島まで散在しておりまして、しかも海洋研究所の実験の船が、たえず世界の海を回っている。まさにその活動は、時間的に言っても空間的に言っても、非常に大きな広がりを持っています。この活動をすべてわたくしが把握して、その上で大学の未来についてお話しするということは、ほとんど不可能でございます。北海道の演習林にはもっともよく整備された森林が存在しておりますが、それをわたくしはまだこの目で見てはおりません。そのようにわたくしが、大学とりわけ東京大学のことを、充分認識しつつお話しするのではないということは、最初に申し上げておきたいと思います。あたかも、東京大学をすべて知っているかのようにお話しするのは、いささかモラルにもとるものだとあらかじめそのようにご挨拶させていただきたいと思います。

その上でもう一つ、未来について語るという言葉がございます。その未来というものは、時間にかかわる問題でありまして、やはりこれも非常に難しい問題をはらんでいます。これはフランスのある名高い詩人が言ったことでございますが、「時間について人が語ろうとすると、そのとき、時間は既にもうない」という有名な言葉がございます。時間について人々が語ろうとするとき、その時間はもはやそこにはないという、これは詩の一句でございますけれども、その言葉は、人々が何かを語るとき、あるいはそれについて益々旺盛に、あるいは饒舌にそのことについて語るとき、実はその問題はすでに死んでいるのではないかというそのような反省に、いつもわたくしたちを導いているわけです。何か非常に重要な問題だと思い、人々がそのことについて熱心に語っているとき、実はその語られている対象は、もう死んでいるかもしれないということであります。大学ではすでに死んだものについて饒舌に語るのか、というふうにしばしば言われがちでございますけれど、それはその時間というものの捕らえにくさによっているわけでございます。確かに、今旺盛に活動しつつあるものについて語ることは、一般的に言って非常に難しいものである。ところが、世間一般を見ますと、今こそ語らなければいけない議題というのが、あたかもあるかのように、わたくしたちのまわりで囁かれているわけです。解決すべき問題、あるいは人類が抱えこんだ最大の問題という形で、幾つもの問題がわたくしたちの周りに存在しているかのように思われていますが、そのことをもう一度疑ってかからなければいけないということです。人々がある事態について旺盛に語るときは、ことによるとその語られている対象はすでに存在していないか、あるいはその語るということによって、何かを人々が隠しているかの、そのどちらかであるとわたくしは考えているわけであります。

このことは政治と申しますか、あるいは支配の力学の中で、かなりはっきり伝えられております。ある国家元首なり首相なりが、国内問題について語らざるを得ないときと、国際問題について語らざるを得ないとき、その二つを、実に巧妙に使い分けている。それは例えばクリントン政権でありますと、国内問題が明らかに国際問題を凌駕する形で行われている。そのことがアメリカ国民に、ある種の酩酊感を与えているということははっきり言えると思います。それとは反比例する形で、アメリカの国際的な力は今下落しつつある。クリントンが何か一言言っても、イスラエルも聞かなくなっている。それから昨今の核実験の問題においても、アメリカはなかなか世界を説得できなくなっている。しかしアメリカの国内問題をとりあげるときに、彼は非常に旺盛に自分の問題を語ります。アメリカの国内問題が、大統領にとってはその国際問題を隠す形で語られているということになるのです。

ですから、何かを旺盛に人が語るときには、すでにそのことが死んでいるか、それともそれは何か他の重要な問題を隠しているか、その二つしかないということが重要な問題として出てくるわけです。人々がたんに熱心に何かを語っているとき、そのことに慎重にならなければいけないというのが、わたくしのここにおける立場の表明のまず最初の点であります。皆が旺盛に語っているから、わたくしも語らなければいけないという形での語り方ではなく、皆が旺盛に語っているとき、それはすでに死んでいるから人々がこれほど旺盛に語れるのか、あるいは、そのことが何かもっと重要な問題を隠しているからこれほど旺盛に語られているのだろうかと、そういうことをまず見極めなければいけない。

そこでそのような立場にたって大学の未来について考えてみますと、今日大学は、いま、間違いなく、旺盛に語られている問題の一つである。「高等教育をどうするか」そして「大学の未来はどうであるか」あるいは「国際的に日本の大学はたちうちできるのであろうか」。しかし、このような形で大学を語ることは、やはり重要な問題を少なからず隠しているように思います。そのときの重要な問題は何かというと、もはや日本の大学、アメリカの大学、ヨーロッパの大学といったような格好では、大学はとらえきれなくなっているということです。

たしかに、日本の大学が存在するのは間違いありません。東京大学は、日本の国立大学であります。そして、東京大学は、ハーバードのようにならなければいけないといったような、無責任な言動がよくなされていますが、もちろんハーバードはアメリカの大学であります。しかし、アメリカのハーバード大学とそれから日本の東京大学を比べてみて、何が一番大きな違いであるかというと、ハーバード大学は、アメリカの大学であるから、すべてをアメリカ人が行わなければならないという考えを持っていないということです。優れた人がいれば、外国から取ってしまう。というのは、そのほうが優れた研究・教育ができると思っているからです。例えば、ケンブリッジ大学が、非常に多くノーベル賞受賞者を出しているというお話がございます。だからイギリスの学問は、非常に高度であるというふうに言えるかというと、それはそうではない。ケンブリッジ大学は、ノーベル賞が取れそうな人を、国籍を問わずに教授として取ってしまう。ですから、ケンブリッジ大学の名声が上がるということはありますが、そのことがそのままイギリスの学問あるいは研究の水準の高さを示すわけではなく、世界に向けて優れた人がいればそれを取ってしまうということであります。

ところが、今現在日本で、日本の大学が語られているときに、どのような話が出ているかというと、やはりそれはあくまでも、「日本にいる日本人のためのそして日本の大学」が語られているというのが現状でございます。実際の姿を見ていただきますと、実は東京大学には、多くの外国人の教授がすでに誕生しております。これはかつて、ラフカディオ・ハーンの時代に沢山おりました、いわゆるお雇い外国人というものではございません。お雇い外国人のポストは、今日でも生きておりまして、外国人教師という形で、いまだに東京大学に存在しているわけでございますが、それと違い、外国人をごく普通の日本人と同じ教授として任用するということが、現在できるようになっています。したがいまして、日本の学問研究の水準を高めるのに、日本人だけでやっていこうとする考えそのものがすでに古いわけであります。優れた外国人がいれば、いくらでも取ってしまうことができる。まず、大学について語るとき、最も大きな誤解は、すべてを日本人だけでやっていかなければいけないという、大きなオブセッションのようなものでございますので、日本の大学ということが話題になるときに、そのような重要な問題が、つい隠されてしまうということです。

これから、大学の未来について、そして環境学についてお話をさせていただくわけですけれども、そこで問題になるのは、何かが重要な問題として語られているとき、必ずそれが何か別な重要な問題を隠しているのだから、そのことに意識的にその問題に取り組まなければいけない。隠しているのは、意図的に隠しているケースがあるかもしれない。あるいは、無意識に他の重要な問題を隠してしまっているケースがあるのかもしれない。いずれにしても、何かが語られているときに、そこに二つの反省の視点が必要であるということをここで申し上げておきたい。一つは、それがもうすでに終わってしまっているから、人々がその問題について旺盛に語れるのではないかということ。もう一つは、「それが他の重要な問題を隠してはいないか」という問題。そして、いわゆるジャーナリズムというものは、他の問題が隠されていてもお構いなしに、ある問題について語る。ある記事が一面にトップに出るということは、それとは別の問題をそれが隠しているということを意味しているわけです。ある種のマスメディアは、そのような隠蔽工作を意図的、あるいは無意識的に行うものである。おそらく、意図的であり、ことによると無意識であるかもしれない隠蔽工作をしないというのが、大学の一つの資格である。もう一つ、先程申しましたけれども、それが死んでいるがゆえに旺盛に語っていることは、それもしばしばマスメディアで起こることでありますす。例えば、日本の期待を背負ったあるサッカー選手が、しかるべき大会に出られなくなってしまったという、すでに終わってしまっている事実そのことゆえに、マスメディアがそのことのみを旺盛に語っているということがあります。

それと同様なことを日本の大学が、あるいは大学一般が、すでに終わってしまっているがゆえに人々が掲げやすい題材に落ち込んではならないという反省を、わたくしたちは絶えずしているわけでございます。

わたくしは総長という立場になりまして、諸外国のさまざまな会議、あるいは儀式等に出させていただく機会が益々増えています。本年五月には、北京大学の一〇〇周年記念という行事に招かれました。そしてこの一〇〇周年記念は、この講堂よりもはるかに大きい、皆さま御存知の人民大会堂というところで行われたわけです。そこにはもちろん江沢民国家主席も来られて、大変派手な儀式が行われました。その儀式というのも何かを隠す為に行われるものかもしれませんので、その壮大さというものにわたくしは若干疑問を感じないわけではありませんでしたが、それは一つの大学が、一〇〇年目を迎えるめでたい儀式でございました。その人民大会堂での儀式の他に、北京大学主催で二一世紀における大学像という大きなシンポジウムが行われたわけです。ほぼ今日のわたくしのお話と同じ主題「大学の未来について」ということが、北京大学でも語られました。そこで世界五〇ほどの大学の学長が、その二一世紀の大学について語ったわけです。面白いものもありましたし、つまらないものもありました。わたくしがそこで申し上げたことは、たんに二一世紀ということが問題になるのではない、今大学の未来を考えるときに、どのような視点が必要かということ、それを考えてみたときに、明らかにこれまで大学は二つの世代を経験しているということでございます。

一つは、中世以来のいわゆるギルド的な知識人たちの大学として成立したものであり、有名なものはパリ大学とかボローニャ大学あるいはケンブリッジ大学があります。同じ大学と言われていながら、一九世紀に盛んになったヨーロッパの大学では、それとは性格を完全に異にしております。もはやギルド制というものはございません。一九世紀にフランスやドイツを中心にして発達した大学というのは、いわば国民国家としての近代国家を、さらに発展させるための一つの制度として創造されたものであります。したがって、まず世代というものが大学においてははっきり違っています。だいたいその世代交代は、一七世紀から一八世紀にかけて起こり、一八世紀の後半ほぼ完全に、近代国家のための制度としての大学というものが始まった。それ以前の大学というのは、明らかに、例えば王に奉仕するもの、あるいはまた教会に奉仕するものでありました。したがいまして、同じ大学と呼ばれていながら、そこにははっきり異なる二つの世代の差があるわけであります。

わたくしが北京で申しましたことは、二一世紀の大学は、この第二世代をより発展させるものとして創造すべきなのか、それともそれとは異なる第三世代を、われわれが創造しなければならないかということです。わたくしの講演は、第三世代の大学をめざしてというものでございまして、いくつかのわたくしが期待していた以上の反応を世界的なさまざまな学長の方々から受けることができました。

そこでわたくしが申し上げたことを簡単に要約させていただきます。まず第一世代の大学、これはその背後に超越的な秩序を備えている。超越的な秩序という難しいことで申し上げますが、神と言ってもいいかもしれません。あるいは神の代行としての「真・善・美」といったようなそういったものがございます。したがいまして第一世代の大学においては、真というものは神から来るのです。あるいは形而上学的な真理と言ってもいいかもしれません。神と形而上学的なものがいわば第一世代の大学を規定していたわけですけれども、第二世代の大学になりますとその神は消えていきます。名高い言葉ですが、とりわけニーチェ等が、一九世紀の中頃に「神は死んだ」ということを言っております。つまり、人間よりも高い位に位置している「真・善・美」というものだけでは、大学はやっていけない。そこでどういうことが起こったかというと、これはカントが言っているコペルニクス的転回という話がございます。法律を例にとりますと、近代国家以前における法というものは、二義的な力しか持っておりませんでした。つまり、正しさというものが法律の問いかけるものであり、その神の意志を再現するものとして、法律というものが存在したわけです。法はいわば超越的な善といったようなもの、それを反映する一つの装置でしかなかった。ところが、カントの言うコペルニクス的な転回が行われますと、法律に書かれていることが善であるという形で大きな変化が起こります。今日わたくしたちは、ある超越的な秩序に従って法律を作るのではなく、法律そのものが正しさというものを示すような形で、法律が作られている。それと同じことが大学でも起こったわけです。大学は真理の場というふうに思われております。そしてその真理は神から来るものであります。それが第一世代の大学です。ところが、第二世代の大学におきましては、もはや超越的な秩序としての「真・善・美」というものが大学を操作するわけでなく、大学で行われていることが真理なのだという大きな転回が起こっています。はたしてそれが真理であろうかということも、現実に大学人たちの心に根ざしてまいります。有名な言葉ですけれども、フリードリッヒ・ニーチェは「真理とは、自ら錯覚であることを忘れた錯覚にすぎない」ということを言っています。本当は錯覚なのに、自分は錯覚であることを忘れてしまった者が、真理と言ってそこに居座っているということであります。コペルニクス的な転回を経た後の、大学で行われることこそが真理なのであるということと、その大学が真理と信じこんでいるものが、ことによると錯覚であるかもしれないというこの二つの逆相の間で、第二世代の大学というものが出てまいります。

そこで、大学の未来は、そのような第二世代の大学を今後も続けてゆき、さらにそれをよりよいものとするということでいいのだろうか。それともそれとは全く異なる、第三世代の大学というものをわたくしたちは創造しなければならないのか。その選択が、今わたくしたちの上に置かれているわけです。たんに未来を語るのが問題ではなく、明らかに大学が生きてきた二つの世代というものを、今わたくしたちはしかるべき歴史的な視点を持って考え直し、第三世代の大学を作り直さなければいけないかもしれない。わたくしたちはここで、第三世代の大学をまさに第二世代が終わったのであるから、このような形で作るべきであるといった設計図を持っているわけではありません。誰も持っておりません。ただ、試行錯誤はさまざまな形で、諸外国においても行われています。その中で、東京大学も試行錯誤を、現在しているところでございますけれど、これをいくつか要約することができると思いますので、その要約を試みることで、わたくしのお話を終わらせていただきたいと思います。

まず、第三世代の大学があり得るとしたならば、どのような転回が行われるかというと、これは縦の垂直の構造、それはヒエラルキーという言葉で言えるかもしれませんけれど、ヒエラルキーからネットワークへという一つの転回であります。ヒエラルキーというのは、大学を想像なさる皆さま方がすぐ思い浮かばれますように、教授、助教授、助手といういわば縦の秩序がございます。誰が本当に偉いかは別問題として、一応、教授がいて助教授がいて助手がいてそして学生たちがその下にいる。その学生たちが、だんだんそのヒエラルキーを昇っていくという、その縦の構造がございます。その縦の構造だけではおそらく、大学というものは有効に機能しないであろう。縦の構造とは違うより柔軟な形で、ネットワーク型の横の組織が必要であるというふうに考えられます。ネットワーク組織というものを、別の言葉で言い直しますと、縦の構造というのは、今皆さま方がおられるこの安田講堂そのものでありますが、いわば塔として現れてくるわけです。上に何故か時計台がありまして、そして高い塔があるというのは、日本の大学のほとんどのイメージを形どっております。早稲田大学にも、京都大学にもそういうものがあります。いわばその塔というイメージによって塞がれた大学というものが、塔のそびえ立つ高さではなくて、外部に向かってより開かれたものでなければいけないということです。

あまり時間がございませんので、この点のみを強調させていただきたい。わたくしはこれを、「塔から寄港地へ」というふうに呼んでおります。寄港地とは、外洋に向けても内陸に向けても開かれた港でございます。そこに内陸からの人が来れば、外洋からもさまざまな人たちが船に乗ってやってきて、一時停泊してそこでしかるべき交流が行われる。そして、そこから人はまた内陸に去り、あるいは外洋に向けて旅立つといった、そのような交流の場である寄港地としての大学というものを創造しなければならないと思っております。しばしば大学に必要なものとして言われている教員の流動性という問題がありますが、寄港地としての大学は、この教員の流動性という問題の限界を撃つものです。教員の流動性が、あたかも非常に重要なものかのように語られていますが、しかしこれは大きな問題を隠している。重要なのは、教員の流動性そのものではなくて、教員が流動し得るような構造を、大学の中に創っていくということです。すなわち、教員が高い塔の中にこもって、その中で一生暮らしていく形ではなくて、絶えず内陸にも出かけていくことができれば、外洋にも出かけていくことができ、同時に外洋から人を迎えいれることができる大学というものを、創造しなければならない。

わたくしが思い描く第三世代の大学のイメージは、もっともっとたくさんございますけれども、とりあえず寄港地としての第三世代の大学というものを、創造しなければいけない。それは、例えば東京大学の中に存在していますいくつかのセンター類の時限的な設置形態によってもすでに実現されているものでございます。そこでは諸外国から優れた方々を迎えたり、日本の国内から優れた方々を迎えたりしています。だいたい五年くらいでお集まりいただき、また去っていくという制度を、東京大学のある種のセンターは行っている。またそのようなプロジェクト的な寄港地の姿というのも、これから東京大学は、あるいは日本の大学は、もっともっと広めていかなくてはならない。それが起これば、人事の流動性は自然に起こってくるわけです。そして、アメリカの教育現場が非常に楽しいと言われておりますが、アメリカで人々が他の大学に行くのは、より良い経済的な保証があること以外にはありません。現在の大学の給料の倍くれると言われて動くわけですが、そのかわり生涯動かない先生を、大量に作り上げています。結局高い塔の中に人々があって、もっと高い塔の方へ人は移っていく。ところが、塔そのものは変わらない。ですから、塔の中に閉じこもっているのではなくて、開かれた寄港地としての第三世代の大学というものを、創造しなければならず、その一部はすでに、実現され始めている。より具体的に申し上げますと、東京大学とマサチユーセッツ工科大学とスイス連邦工科大学との間の三者の協定というものがございまして、これは中心を持っておりません。それぞれの研究者たちが、あるときは東大に来て、あるときはマサチューセッツ工科大学に行き、あるときはスイス連邦工科大学に行く形で、まさに絶えず動く。内陸からも外洋へ向かっても開かれているということです。そのような組織を、東京大学ではすでに行っております。今創ろうとしている新しい大学、それは現実には一部実現しておりますけれど、それを一つの塔の中に、みんなが閉じこもるのではなくて、寄港地のようにさまざまな人たちが集まって、そこからまた外へ出ていくことができるような組織を、つまり柔軟な組織を実現するために、さまざまな苦労を積んでいるところでございます。

最後に、もしこの中にマスメディアの方がおられれば、その方々にぜひ一言申し上げたいことがあります。東大の教官がスキャンダルを起こすと週刊誌等に出てまいります。いいことをしてもなかなか出てこないのですが、スキャンダルのときは必ず出ます。そのとき、安田講堂の写真を使うことだけはどうかやめていただきたい。あれが何故使われるかというと、その塔そのものがすでに死んでいるからであります。この塔にはほとんど何もありません。それとは違った、大学のイメージを私たちは創り上げようとしているのです。東大安田講堂の建築的な価値というのは非常に高いもので、わたくしはそれを絶えず有効に活用していかなければいけないと思っておりますが、その象徴的な機能はすでに死んでいる、大学はそのような形で機能しているわけではございません。もし、マスメディアの方がおられるなら、是非是非、東大＝安田講堂というイメージの連鎖で、わたくしたちを第二世代の大学に閉じこめることだけはやめていただきたい、というのを最後に申し上げてわたくしのお話とさせていただきます。どうもありがとうございました。

III　第三世代の大学

総長就任にあたって

『学内広報』一〇九八号
一九九七年五月一九日

その内部に驚くほど豊かな資質が散在していながら、東京大学はそれをいまだ充分には活用しつくしてはいない。それが、この大学の構成員の一人としてすごした二十数年間に漠然といだいていた印象であります。総長に就任して以後も、その印象に大きな変化が生じたとは思えません。ところが、その潜在的な資質のことごとくを顕在化させるには、それこそ気も遠くなるような物理的な時間と、想像を超えた精神的な熱量と、恩寵というほかはない好機の到来とが必要とされるだろうという漠たる印象も、久しく捨てきれずにおりました。こちらの印象は、この数年間でいささかの変化を蒙ったように思えます。それは、何を意味しているのでしょうか。

多くの同僚によっても共有されていただろうこの二重の印象は、ことによると、新制大学の発足いらい今日にいたるまで、この大学に職をえた者の無根拠な誇りのよりどころとして、あえて意識化されてはならぬものだったのかもしれません。いずれにせよ、この大学のあらゆる資質が有効に作動すれば途方もない力を発揮するはずなのに、そのイメージはたえず想像の中で素描されるにとどまり、確かな輪郭におさまることを回避していたかにみえます。この組織の構成員の一人がこれは「優れた大学」だという自覚を胸にいだくとき、その思いは、現実には、「優れた大学たりうる無数の資質をそなえた」大学という潜在的な可能性について語っていたかのように思えてなりませんでした。にもかかわらず、これは「優れた大学」だという大かたの確信が揺らがなかったのは、ほとんどの人が、この組織に恵まれた可能性の大きさだけは信じていたからに違いありません。

実際、いたるところに散在している資質を有効に活用しなくとも、東京大学は「一流」の大学として充分に機能しておりました。だが、それは、この組織の構成員の多くが内外に築きあげていた学術的なネットワークを通して確立された「個人的な名声」によるものであり、「大学の意志」によるものではなかったといえます。また、それは、「個人的な名声」の総和が他を凌駕していたというかぎりでの、相対的な数の優位にほかならなかったのです。そもそも、東京大学というこの巨大な組織がいかなる秩序に従って機能し、いかなる意志を表明しようとしているのか、それを見きわめた者など一人としていなかったというのが実情でした。

そのとき、この世界のあらゆる事象に対する深く精緻な知識を集積しているはずの大学が、自分自身の構造と機能に対してはどこまでも無知で、そのことを恥じようともしないというシニカルな姿勢が日常化されます。しかも、その姿勢は、この組織の構成員の多くによって共有されているようにさえ思われました。わたくし自身も、長らくそのシニシズムに安住していたことを否定いたしません。確かに、自分自身がその一員である組織の構造や機能を意識することより、無意識のまま振る舞っているほうが、全体の活性化には有効な場合もないではありません。少なくとも、これまでにこの大学が享受してきた国際的な名声は、「大学の意志」とは無縁の領域に確立されていた「個人的な名声」の総和によるものだったといえます。

だが、そこに安住することは、大学の知性にとっては恥ずべき怠惰にほかならない。吉川弘之前総長は躊躇なくそう断言されて、斬新な改革に着手されました。組織としての東京大学の誰にも見えてはいない構造と機能とをあえて分析＝記述し、それを徹底的に意識化する作業の遂行は、大学自身にとって、また社会に対しての知的な責任にほかならない。その潜在的な資質の大がかりな顕在化に向けて、東京大学はその時間と熱量を惜しみなく傾注すべきときに来ており、それには、全員が同じ資格で管理運営にあたるという形式的な原理の非効率性を改善すべきである。吉川弘之先生が多くの機会に表明されたそうした姿勢の背後には、組織の維持にはそれなりに有効だったシニシズムの連帯がどうやら限界に達し、大学の今後の発展には視点の転換が急務だという認識が息づいていたはずです。

この度、総長就任という事態に直面したわたくしは、吉川先生の断言の重みを厳しく受け止めております。そして、その断言には、豊かな潜在的資質の大がかりな顕在化をさまたげている何かがあるなら、それを摘出する手段の発見こそが大学の知性にふさわしい振る舞いだという決意表明がこめられていたと理解いたします。そこには、「大学改革」という言葉であたりに流布されているあの観念的な義務の達成を超えた何かが、真剣に問われていたはずであります。恩寵ともいうべき好機の到来は、ひたすら手をこまねいて待っているものではなく、「大学の意志」としてみずから招きよせるものでなければならない。大学は、変化することへ当然の権利を能動的に行使すべき時期にさしかかっている。吉川弘之先生のそうした揺るぎない信念が、いまなおわたくしの背後に脈打っております。

一つの象徴的な事態として柏の新キャンパス構想が浮上していらい、東京大学は、あえて自分自身の構造と機能の意識化を試みながら、潜在的な資質の顕在化をめざしてまいりました。それをわたくしなりに解釈するなら、わたくしたちの組織が、数的な優位を質的な優位に転換するための新たな構造化を、すでに「大学の意志」として模索し始めていたということになります。であるがゆえに、いわゆる「大学改革」の流れとはいささか異なる文脈で、自己変革への意識を先鋭化することができたのです。有馬朗人元総長が、大学の空間的な環境の劣化を社会に向けて説かれたとき、そこに意図されていたものが、たんなる物質的な条件の改善でなかったことは明らかです。東京大学にそなわっている豊かな資質の有効な活用手段の一つとして、みずからの厳しい意識化の作業が必須だと判断されていたのは間違いありません。白書が刊行され、外部評価や内部評価がさかんに行われたのも、義務ではなく、みずからの権利としての責任の達成にほかなりません。

吉川弘之前総長が、組織の時間的な環境の劣化をことのほか危惧されたのも、同じ意図にそったものだとわたくしは理解しております。直面する課題の数だけ委員会が乱立し、大学としての意志決定に時間がかかりすぎることが、東京大学の潜在的な資質の顕在化を遅らせ、国際的な競争力を著しく低下させていたのは否定しがたい事実だからであります。その解決策の一つとして、吉川先生は管理運営という言葉に代わって、あえて「大学経営」という概念を提起されました。その具体化をめぐる全学的な検討はようやく始まったところですが、そこでは「優れた大学たりうる無数の資質をそなえた」組織としての東京大学の構成員に、躊躇なく、自信を持ってこれは「優れた大学」だと自覚する権利を保証するための前提が問われているはずなのです。

「個人的な名声」の総和がこの大学の名声の確立に大きく寄与したことにいささかも異をとなえる意図のないわたくしは、そうした事態がこれまで以上に活発になればとさえ祈りたい気持ちでおります。だが、それと同時に、「大学の意志」において組織の変革と、教育研究の質の向上とがめざさるべきときがきているはずだとも痛感せざるをえません。合衆国のMITとスイスのETHとの共同プロジェクトとして進行中の「AGS計画」を始め、諸外国からの協力要請が年ごとに増加しつつある現在、東京大学が「優れた大学たりうる無数の資質をそなえた」組織に自足していることは、もはや許されなくなっているはずだからです。

さいわいなことに、大学院の重点化の完成を始め、前期課程教育のカリキュラム改革、後期課程教育の再検討など、東京大学の意志はいたるところで表明され始め、内外の注目も集めております。柏における新構想の大学院の創設と、研究所の移転、さらには複数のセンターの改組計画なども、潜在的な資質の顕在化の試みという文脈で理解さるべきものでありま す。わたくしたちの組織は、多くの構成員がその可能性だけは確信していた「優れた大学」にふさわしい姿を、ようやくとり始めようとしております。それが、本郷、駒場、柏からなる「三極構造」を有効に機能せしめ、数の優位を質の優位に転換する契機になってくれるものと確信しております。

その後に開けるはずの展望をめぐって三つのことを指摘し、この文章を終わらせていただきます。その一つは、大学が何よりもまず教育の現場だというごく当然の事実の再確認に向けて、わたくしたちが主導的な役割を演じるべきだということであります。それは、学生という存在を、教育と研究の質の向上に不可欠なパートナーとして認識することにもつながっています。柏キャンパスの問題にある程度のめどがつき、大学院重点化が完成をみたいま、研究の質的な向上に傾けられたのと同じ熱意を教育の問題にも向けるべきときがきているはずだからです。「個人的な名声」の相対的優位によって研究面での業績を充分すぎるほど誇れる東京大学であればこそ、自信をもってそれを遂行できるはずだと確信しております。その際、抽象的な教育の観念を論じるのではなく、あくまで具体的なテクネーとして教育の実践形態が問われねばならぬはずです。その意味で、大学総合教育研究センターの今後の活動に全学的な期待が寄せられることになるでしょう。学部と研究所とのより効果的な協力関係の樹立に向けての努力も、真剣に始めねばならぬはずです。

教育に向けてのシフト・チェンジは、一方で、学生にとどまらず日本社会一般の表象能力の低下に対する教育的な配慮であると同時に、知の公共性に向けての配慮でもあります。それは、アナログ的な知性とデジタル的な知性との有効な活用と、その調和ある競合という問題に逢着し、図書館のあるべき姿をめぐる全学的な討議が活発化されねばならないと思います。それは、柏キャンパスの機能そのものとも深くかかわってくるはずの問題であります。

おそらく、広大な土地の上に頑丈な建物が立ち、そこで教師と学生が同じ時空を日々共有しながら学を究めるという大学のイメージは、来るべき世紀においては大はばな修正をこうむることになるでしょう。向こう一〇年ほどで、電子ネットワーク上に流通する「見えない大学」の役割が飛躍的に増大することは間違いなかろうと思われます。その意味で、ひとまず「目に見える大学」として構想された柏キャンパスは、同時に「見えない大学」のネットワーク基地として本格的に機能しなければならないはずです。それを機に、言語を始め、視聴覚的な表象能力の再開発とコンピュータ・リテラシーのさらなる高度化とをいかに競合させ、調和をはかるかという問題が、改めて全学的な課題となるでしょう。

最後に、人間的な環境にかかわる問題に触れておきます。大学が教育と研究にふさわしい時空間として整備さるべきなのは当然ですが、同時に、生活にふさわしい空間でもなければなりません。環境の快適さを求めることはいささかも贅沢ではなく、知性の行使にあたっては絶対的な条件でさえあるからです。教室や研究室に持続している日常的な時間を創造的に非日常化し、同時に外部に向かっても開かれている空間として、博物館はすでにその機能を充分に発揮し始めております。それに加えて、劇場などのパフォーマンス空間の大学における重要さが、改めて認識されねばならぬはずです。

他方、わたくしたちの大学の教育研究にあてられた空間についてみるなら、そのほとんどが、精神的な意味でも物質的な意味でも、女性が生きる可能性をあらかじめ排除しているとしか思えぬ殺伐とした表情におさまっていることに愕然とさせられます。それは、この大学が、教育と研究には女性を必要としていないという情報を無意識のうちに発信していることにほかならないからです。ほんの些細な配慮で目に見えて改善されるはずなのに、人間集団として長らくそれを怠ってきた結果、女性教官の比率の驚くべき低さが日常化してしまいました。これは、人間の知的環境として異常な事態だといわねばなりません。女性という構成要素の潜在的な資質を有効に活用しえない組織の限界は、目に見えているからであります。実際、学生の五人に一人が女性だという時代に、それを指導する教官の大多数が男性でしかないという驚くべき現状を前にすると、これは「優れた大学」だというつぶやきを素直に口にしえなくなります。その内部に驚くほど豊かな資質が散在していながら、東京大学がそれをいまだ充分には活用しつくしてはいないという印象を捨てきれないのは、そうした理由によるものです。

「総長」という名前

『東京大学歴代総長式辞告辞集』巻頭言
（一九九七年一一月、東京大学出版会）

東京大学は、明治一〇年四月一二日、既設の東京開成学校と東京医学校とを合併するかたちで創設されたものであり、日本でもっとも古い高等教育の機関であります。

いま、このようにして書き始められた歴史的記述の主語が「東京大学」となっていることには、いささかの誤りも含まれておりません。現在、東大という略称で知られているこの大学は、一八七七年に、文字通り「東京大学」として誕生したものだからであります。いらい、その一二〇年におよぶ歴史を通して、帝国大学、東京帝国大学といくつか異なる名称で呼ばれ、帝大、東京帝大という通称が広く流通することになりはしますが、それが、まず、「東京大学」として生まれたという事実は、ここに記しておきたいと思います。

ただ、それと同時に、創成期の東京大学には「総長」という官職が存在していなかったという事実も、指摘しておくべきかもしれません。東京開成学校が発展して東京大学法学部、理学部、文学部となったとき、その三学部を統轄していたのは一人の「綜理」であり、東京医学校が発展した東京大学医学部は、別の「綜理」がこれを統轄するという二重の構造をとっていたのであります。その後、明治一四年には「総理」と呼ばれる官職が設けられ、加藤弘之が初代「総理」に任命され、前記四学部と予備門とを統轄することになります。だが、「総長」という名の官職は、明治一九年三月の帝国大学令の公布によって、初めて存在することになったものにすぎません。一九年一月に東京大学総理事務取扱に就任した外山正一は、帝国大学令公布ののち、ごく短い期間、帝国大学総長事務取扱の地位についておりますが、その直後の同年三月、渡辺洪基が初代の「総長」に就任することになります。以後、今日にいたるまで、東京大学は二四人の「総長」を持ち、そのうち、第三代総長浜尾新、第六代総長山川健次郎がそれぞれ二度この官職に就任していることを考慮するなら、合計二六代の「総長」が存在したことになります。

ちなみに、明治維新以降の東京大学の前史をひもとくなら、開成学校、医学校時代の場合は、明治元年に「頭取」と呼ばれていたものがそれにあたります。それが、明治二年には「大学大丞」となり、明治五年に「校長」と呼びかえられ、やがて明治一〇年に先述の「綜理」として定着することになるのであります。その後も、東京大学が帝国大学と改称された折りに、「総理」から「総長」への変遷があったわけですから、ほんの二〇年にもみたぬ短い期間に、「頭取」から「総長」まで、合計六つもの官職がめまぐるしく継起することになるわけです。それは、文明開化の時代にふさわしい変化の激しさを語るものだといえましょう。

もっとも、現在の東京大学にも「総長」という名の官職は存在しておりません。新制大学の発足にあたり、一九四九年に東京帝国大学が東京大学へと移行した折り、東京帝国大学総長にかわり、東京大学長が正式の名称となったのであります。にもかかわらず、今日においても、大学の内部においては当然のこと、ときには対外的にも、明治一九年いらいの「総長」という呼称がごく自然に使われているのは、最後の東京帝国大学総長南原繁がそのまま東京大学長におさまったという事情があるので、その事実と何らかの関係があるのかと想像させるかもしれません。

だが、現実には、新大学制準備委員会という組織の会長が、昭和二四年七月四日の委員会に、学校教育法では、英語の訳として学長がふさわしいが、総合大学の長には「慣行として『総長』の名称を用いたい」と提案し、これが了承されたという事情が存在しております。それにとどまらず、東京大学におきましても、その後、「教育公務員特例法」等からすれば「学長」と呼ばれるのが当然なはずの「総長」の呼称をめぐり、評議会で二度、真剣な議論がなされております。その際、この名称を今後も使ってゆくべきかどうかには「疑問もあるが、過去の経緯からただちに変更することも適当ではない」という結論に達したのでありまず。なお、そこには、「今後の改革の際に検討する」という言葉も添えられてはおりましたが、その機会はいまだ訪れてはおりません。

もっとも、それは、東京大学に「改革」の機会が訪れなかったことを意味しはしません。事態はむしろ、その逆であります。現在、東京大学がくぐり抜けつつある改革は、前期課程教育のカリキュラムの抜本的な変革に始まり、学部教育の質的な向上をめぐる方法的な検討、すべての大学院研究科の重点化、新たな学術経営の形態をめぐる全学的な模索、旧来の学部の枠を超えた新たな大学院研究科の創設への全学的な討議、等々、到底「総長」の名称をめぐる議論などしている余裕もないほどの多忙さを教職員に課しております。おそらく、「今後の改革の際に検討する」という言葉は、「この改革が一段落したのちに検討する」と書き直されねばならないでしょう。いずれにせよ、この書物の題名に「総長」の語彙が使われているのは、以上のような事情を考慮してのことであります。

東京大学一二〇周年の歩みは、そのまま近代日本の歴史にかさなりあっております。ここにおさめられた歴代「総長」の告辞・式辞に、そのつど、世界の情勢や国内問題に対する言及が生なましく影を落としているのは当然であります。例えば、あえて一つだけ例をとるなら、日露戦争直後の式辞においては、東京大学関係の戦死者の名前が列挙されておりますが、第二次世界大戦直後には、そのような追悼の儀式は、もはや数の上から不可能になります。読者が、それぞれの関心に従って、自分なりの視点を選択すれば、この書物は、近代日本の歴史をめぐるきわめて貴重な資料として視界に浮上してまいります。それがきわめて刺激的な読書体験を約束しているはずだと、自信をもって断言できます。

「表象文化論」という学問領域を専攻する者として、わたくしが強く興味を惹かれたのは、式典に臨む「総長」が、そのつど、聴衆の前で、どんな言葉で自分を指示したかという問題であります。例えば、それまで、発話者である自分をごく自然に「余」と名指し、「本官」とも呼んでいた文明開化期の漢文脈的な慣行は、いつごろ消滅するのか。そして何を契機として、「吾輩」といった夏目漱石的ともいうべき語彙が、突如演壇の「総長」の口からもれることになるのかといった問題をたどってゆくことには、「デアル」調から「ですます」調への移行を確認することにおとらず、とめどもなく刺激的な体験だからであります。

その意味で、このいささか堅苦しい表情におさまってもいる書物は、その外見にもかかわらず、予想を超えた柔軟な言語空間を提供しております。また、「総長」という語彙が想像させがちな単調さとは異なり、驚くほど多様な読み方の発見へと読者を誘う、きわめて豊かな書物でもあります。この「柔軟」な「多様」さこそ、東京大学のいつわらざる素顔にほかなりません。

東大イメージの神話性

『一九九八年度　東京大学の概要』

東京大学の全貌を簡潔に紹介するのは、至難の技であります。だが、しばしばいわれているように、組織としての巨大さがそれをさまたげているのではありません。たしかに一〇の学部、一二の大学院研究科、一一の附置研究所からなり、その附属施設が北海道から奄美大島まで散在している東京大学は、日本の国立大学としては最大の規模を誇るものです。留学生を加えれば二万六三四八人もの学生を受け入れ、七七〇〇人を超える教職員を擁している点においても、それは確かな事実であります。けれども、東京大学の全貌を提示するのが厄介なのは、こうした規模の大きさによるものではありません。問題は、東大と略称されているこの大学をめぐる社会的なイメージの、ほとんど「神話的」とも呼びうる過剰な流通ぶりにあります。語る主体であることより、語られる対象となることの方が遥かに多い大学としての東大。あたかもその「神話性」が東京大学の定義であるかのように、事態が進行してしまうのです。

いたるところで交換されている東大のイメージは、好意的なものから無償の悪意がこめられたものまでさまざまであります。その毀誉褒貶の激しさがかえって東京大学の特権性をきわだたせることにもなるのですが、そうしたイメージのほとんどは、大学のほんの一部の表情を誇大に増幅させたものにすぎません。にもかかわらず、そうしたイメージには、虚構ならではの説得力がそなわっております。もちろん、東京大学をめぐる客観的な情報は、広報委員会の手でそのつど律義に発信されております。しかし、それが社会に伝播されるイメージはごくつつましい輪郭におさまり、すでにかたちづくられている「神話的」なイメージの現実感にはとうてい拮抗しえません。東京大学が公開する情報よりも、東大のイメージばかりがあたりに繁茂してしまうのはそうした理由によります。

昨年で創立一二〇周年を迎えた東京大学は、日本で最も古い国立大学であります。その伝統ある大学が、あたりに行きかう東大の「神話的」なイメージをあえて修正してこなかったのは事実かもしれません。日本を代表する優れた大学だという揺るぎない自覚から、それを微笑とともにやりすごすのが伝統となっていたことも確かであります。しかし、社会に流通している虚構のイメージが大学の発信する現実の情報をたえず凌駕しているのは、社会的にみて健康な事態ではありません。一九九〇年代に入ってから、東京大学が「白書」(『東京大学　現状と課題』)の刊行に踏み切ったのは、大学の意志として、それを多少なりとも是正したかったからであります。現在では、それぞれの学部や研究所で外部評価や自己点検をさかんに行っており、そのほとんどが公けにされております。ここにおとどけするのは、それらにもりこまれていた主要な情報をごく簡潔に要約したものにほかなりません。

この『東京大学の概要』に、誇大な野心は秘められておりません。わたくしが願っているのは、ここに読まれる図表や数字や略式の記述から、日本で最も古くかつ最も新しい東京大学というイメージが、多少なりともあたりに行きわたることにつきております。実際、東京大学は、知的な伝統と知的な革新性とがたえず創造的に共存しあう空間なのであり、今後もその方向で発展しつづけるでしょう。

最後に、今年になってからこの大学に起こった喜ばしい変化について触れさせていただきます。それは、新領域創成科学研究科の新たな設置にほかなりません。学融合をめざすこの文理横断型の教育研究組織は、千葉県柏市に建設中のキャンパスへの移転が予定されておりますが、そこでは、アカデミック・プランにとどまらず、アカデミック・マネージメントの領域においても新たな実験が行われることになるでしょう。また、柏への移転が決まっている複数の研究所の建物の一部も、近く竣工の運びとなります。既存の本郷、駒場に加え、柏をも活動の中心に据える東京大学キャンパスの「三極構造」は、二一世紀における日本の学術の発展に有意義な変化を導入するものと確信しております。

「新領域創成科学研究科」成立の意味

『一九九九年度　東京大学の概要』

一九九九年は、東京大学の一二〇年を超える歴史にとって、きわめて重要な転機となるはずの年です。一九九八年にその一部の設置が認められていた大学院の「新領域創成科学研究科」が正式に発足し、基盤科学、生命科学、環境学の三系に修士課程の学生たちを迎え入れることになったからです。その研究棟の一部の建設は、物性研究所と宇宙線研究所との建物の竣工が近づきつつある千葉県柏市の新キャンパスに、本年度中に始まろうとしております。これまで本郷と駒場で行われていた東京大学の教育と研究に、新たな拠点が生まれたことになるのです。

こうして、東京大学のキャンパスの三極構造構想が実現のはこびとなったことは、まことに喜ばしいことであります。だが、その喜びは、東京大学のみだりな膨張を祝福することをいささかも意味してはおりません。「新領域創成科学研究科」の成立は、学部や研究科の枠を超えた大がかりなスクラップ・アンド・ビルドを前提としていたからです。それは、何よりもまず、全学的な視点からの大学の未来を見据えた改革だったのです。また、一九八〇年以降の東京大学の歩みが、膨張よりもむしろ、創造的な収縮とも呼ぶべき力学にしたがっていたことも見落とされてはならないでしょう。実際、一九八一年には宇宙航空研究所を、一九八六年には文献情報センター、一九八八年には東京天文台を、一九九七年には原子核研究所が廃止され、それぞれが独立した国立の機関として出発するにあたり、東京大学は教官ポストを放出することでその成立に貢献しているのです。

こうした過去二〇年来の経験を糧として二一世紀に足を踏み入れようとしている東京大学には、それぞれの学部や大学院の研究科、あるいは附置研究所などの特質を相互に信頼しつつも、全学的な見地からの新たな事態への取り組みを優先しようとする新たな伝統が根付きつつあります。それが保証する決断の早さが、組織としての柔軟さと無縁であろうはずもありません。日本でもっとも古い高等教育の機関としての東京大学が、同時に、日本でもっとも新しい大学として内外から見なされているのには、そうした理由があるからなのです。もちろん、東京大学が日本を代表する研究重視型の総合大学であることは、いうまでもありません。しかし、社会における大学の本来のつとめが教育にあることは当然であります。研究を重視しつつも、教育にことのほか大きなエネルギーを注入する大学として、東京大学は、いま、来るべき世紀にふさわしくその身支度を整えているところです。

悲観主義と快楽原則

『ＩＤＥ』一九九八年一・二月合併号

「歴史の終焉」と近代の大学

近代は、「終わり」をめぐる言説とともに始まりました。あるいは、何ごとかの終焉を宣言することで、近代の言説が形成されたというべきかもしれません。二一世紀の到来を間近にひかえたいまも、近代の言説は、なお希薄に、だが執拗に機能し続けているかにみえます。そのことは、大学の歴史と学問の現状を語るとき、無視しえない問題となるはずです。

まず、「終わり」をめぐる言説についてみてみるなら、最初にその終焉を宣言されたのは、周知のごとく、歴史であり人間であります。そう判断したのは、いうまでもなくヘーゲルですが、この哲学者にとって、歴史とは、人間と世界との葛藤として生きられるものにほかなりません。その弁証法的な論述によれば、世界の中に生まれた人間も、いまだ人間が姿を見せていない時期の世界も、歴史の始まりの意味を知ることはできません。それを知ることへの欲望が人間の活動を支え、歴史をその目的へと方向づけることになるのですが、人間と世界の葛藤として生きられる歴史は、その起源の意味が明らかにされた瞬間に「終わり」

をつげることになります。

ヘーゲルがイエナにこもって旺盛な文筆活動を続けていた一九世紀の初頭は、フランス革命の思いもかけぬ推移もあり、人類が、まさしく歴史のめざしていたもの、すなわちその「終わり」を実感するにふさわしい出来事にみちみちていました。ヘーゲルが、そうした歴史の終焉を、ナポレオンのイエナでの勝利のうちに認めたことはよく知られています。彼の歴史哲学からすれば、歴史の終焉とともに、人間もまた消滅することになるでしょう。歴史を推進させてきた人間と世界の対立は、もはや葛藤を演じることがないからです。あとに残されるのは、多少とも理性に恵まれた動物としての生物学的な存在のみということになるのです。

実際、ヘーゲルが歴史の終焉をその言説の主題にすえて以来、あたりに起きる出来事のほとんどは、あたかも人類が何かを作りだそうとする意志を欠落させてしまったかのように、すでに起こった出来事の退屈なくり返しでしかなくなっています。「多少とも理性に恵まれた動物としての生物学的な存在」である人類には歴史を推進する能力は残されてはいないのですから、それは当然なのかもしれません。ルイ＝ナポレオンの非合法的な政権奪取を大ナポレオンの振る舞いのむなしい反復ととらえたマルクスは、その意味でなら、充分すぎるほどヘーゲル的だといえましょう。いずれにせよ、『精神の現象学』の哲学者にとって、学問とは、彼が「歴史以後」と呼ぶ無葛藤の時空に出現するはずの非歴史的な思考活動の総体にほかなりません。

学問における真理が、こうした非歴史性を身にまとうことで、初めて一般的な概念として機能することになるのはいうまでもありません。真理は、以後、超越的なものの介入とは無縁の領域に位置づけられることになりますが、歴史とともに人間も終焉を迎えているのですから、真理を真理たらしめる正統な根拠はいまやどこにも見当たりません。であるが故に、二〇世紀の後半に入ってからことさら「パラダイム」といった概念が科学に導入されたりもするのです。真理とは、自分が錯覚であることを忘れた錯覚にすぎないというニーチェの言葉は、そのあたりの事情をふまえて口にされたものなのです。

近代の大学がみずからを位置づけ、真理の探求にふさわしい場として選んだのは、まさしく「歴史以後」の葛藤を欠いた時空でした。その場合、大学における学問の自由とは、この無葛藤性の同義語にほかならなくなります。真理もまた、普遍性の同義語となった葛藤の不在によって保証されることになるでしょう。少なくとも、それが、近代の言説との関係で定義される大学の姿なのです。しかし、こうした大学像は、あまりにも幸福から遠いといわねばなりません。

凡庸化されたヘーゲル主義の蔓延

あらゆる人が、とりわけ東洋人であるわれわれが、優れて西欧的というほかはないヘーゲル主義の歴史哲学を共有すべき理由は何ひとつありません。にもかかわらず「終わり」をめぐる近代の言説に拘泥せざるをえないのは、いま、われわれの周囲で、あたかもヘーゲルが正しかったかのように事態が進行しているからなのです。それはヘーゲルの思想そのものというより、凡庸化されたヘーゲル主義の勝利を意味しています。何かが執拗に生きのびるにはこの種の凡庸化が不可欠なのですが、それは、いつしか、一九世紀の典型的な疾患としてのコンプレックスめいた様相を呈するにいたるのです。近代の言説は、あたかもそれが義務であるかのように、いたるところに「終わり」を指摘せずにはいられなくなるからです。二一世紀の到来を目の前にしたいま、二〇世紀的を特徴づけていたものの多くが終焉しつつあるというある種の妄執が、多くの人びとの言動を支配しているかにみえることともそれは無縁ではないはずです。

実際、いま、あたりには変革の必要性を説く言葉が流通していますが、それを口にする者の多くが何ごとかの「終わり」に言及していることは、無自覚なヘーゲル主義の支配を証拠だてています。ベルリンの壁の崩壊やソ連の解体などが、こうした傾向をますます助長したことはいうまでもありません。産業社会の終焉、東西対立の終焉、五五年体制の終焉などはいうまでもなく、ボーダーレス化、規制緩和、民営化などの言葉にも、西欧の模倣として始まった近代日本の「終わり」という意味が含意されているかにみえます。ときに憲法の「終わり」にさえ触れることも辞さないこうした風潮は、勿論、近代の言説そのものの反復的な変奏にほかなりません。みずからをヘーゲル主義者と自覚すると否とにかかわらず、というよりおそらくは無自覚なまま、世紀末日本に支配的な言説のほとんどは、もっぱら何ごとかの「終わり」に言及することで「歴史以後」の時代への忠誠さを確かめあっているかにみえます。そうした言説の不幸さに対して、大学はどのように身構えるべきなのでしょうか。

二〇世紀という時代は、大戦の終結や冷戦の終結といった出来事に立ち会うごとに、あの名高いシュペングラーの『西洋の没落』から近年のフランシス・フクヤマの『歴史の終わり』にいたるまで、人びとがひたすら「終わり」について語り続けてきた時代だといえます。ポール・ヴァレリーやサルトルのような例外的な知性の持ち主ですら、『精神の危機』や『大戦の終末』といった書物では、軽率としかいえない口調で終焉に言及しているのです。それらの言葉は、それとは異なる文脈におさまるはずのニーチェの「神の死」やフーコーの「人間の終焉」やロラン・バルトの「作者の死」などとも饗応しながら、二〇世紀を「終わり」の時代として位置づけているかにみえます。

実際、過去三〇年ほどの出来事をとってみても、イデオロギーの終焉、知識人の終焉、マルクス主義の終焉、等々、さまざまなものの「終わり」が宣告されました。大文字の物語＝歴史が無効となり、近代そのものも終焉したというスローガンが、ポストモダンと呼ばれる事件を欠いた風土の到来をあたりに告知しながら、ヘーゲルに始まる近代の言説を臆せず模倣しているようにみえます。

こうした凡庸化されたヘーゲル主義は、とりわけ日本で、ある種の危険な政治的力学を装塡されることになります。第二次世界大戦を支える思想的な根拠として、まさに「終わり」をめぐる言説の単調な変奏にほかならない「近代の超克」がさかんに語られていたことからしても、それは明らかです。その主張者たちが口にした「世界史の哲学」とは、まさしく、凡庸化されたヘーゲル主義にほかならなかったからです。この点について、あるヨーロッパのヘーゲル学者が、日本における歴史の終焉を桶狭間の戦いに見ているという事実を想起しておくのも、まんざら無意味ではないでしょう。政治や経済や文化の洗練は異常に進みはしても、社会秩序は運動感を欠くかたちで維持されていた「徳川の平和」を、ポストモダン的な時空の世界最初のあらわれとする視点を、そこから引きだすことも大いに可能だからです。

近代化をめざしたその瞬間から、日本がすでに「歴史以後」を生きていたという事態は、敗戦によってもいちじるしい変化を蒙ることなく、戦後日本の経済的な繁栄を支えるイデオロギーとして機能し、ますます政治的な色調を強めていきました。実際、人類の大義といった視点を巧妙に排除し、ひたすら科学技術や経済的な手法の理念なき洗練をめざしていた戦後の日本社会は、「日本の時代」と呼ばれたりするものを準備することになったからです。経済大国たる「日本の時代」が現実のものとなったかにみえるのは、国民の多くが、ヘーゲルのいう「多少とも理性に恵まれた動物としての生物学的な存在」であることに徹し、人間と世界とが対立することのない「歴史以後」の時空で、生産と労働の技術的な洗練化をひたすら推進していたからかもしれません。

禁欲主義から肯定の身振りへ

そうした点からすると、日本の大学における自治もまた、「歴史以後」の無葛藤空間に保護され、そこで一般化された真理と自由に戯れるための技術的な洗練の過程としてあったかのようにもみえます。そこでは、真理の探求が非歴史的な思考活動と同調しながら、そうした状況を生みだした近代の言説そのものと虚構の対立を演じていたといえるかもしれません。その対立が虚構でしかないのは、何かにつけて「終わり」に言及せずにはいられないいささかコンプレックスめいた言説と、「歴史以後」の無葛藤空間に保護された大学における学問の技術的な洗練とが、近代という同じ事態の二つの異なる側面にすぎないからです。

たしかに、大学が近代的な制度として確立されて以来、その外部には、内部との軋轢を惹き起こし兼ねない言説が声高に主張されており、それに対する防御的な姿勢が学問の自由を擁護していたことは否定しきれません。しかし、「近代の超克」をめぐる議論のように大学の内部から発された言説が外部に流通する過程で、近代の言説にふさわしい政治性を身にまとうことになったのもまた事実なのです。ごく最近、さるアメリカの大学教授が提案した『文明の衝突』という理論も、それが「終わり」をめぐる言説であるかぎりにおいて、しかるべき政治性を帯びざるをえませんでした。その理論で「終わり」を宣言されているのは、一九世紀以来の聖なる三位一体ともいうべきものの二つ、すなわち政治と経済であります。それは、政治も、経済も、すでに世界的な対立の機軸としては失効しているので、あとに残るのは「文化」という対立項だけだという主張にほかなりません。これも「終わり」をめぐる言説の変奏として、希薄かつ執拗な流通ぶりを示しながら、きわめて政治的な機能を国際的に演じることになるでしょう。いま、いささか悲観的な口調でささやかれている経済大国としての「日本の時代」の終焉という言葉がそうした論議と同調してしまうのは、そのいずれもが、自覚されざる近代の言説にほかならないからです。

これは、いかにも不幸な現象だといわねばなりません。実際、われわれは、あたかもヘーゲルが正しかったかのように事態が推移している現状に、深い苛立ちを覚えずにはいられないのです。無意識のヘーゲル主義者たちの言動にも、いい加減うんざりしています。そこには、幸福への意志があまりに希薄だからです。だが、こうした凡庸化されたヘーゲル主義の支配を廃棄する手段をわれわれは手にしておりません。大学にそなわっているかもしれない「主体性」なるものは、それを拒絶するために《知》を組織することにその存在証明を見いだすべきなのでしょうか。しかし、それが容易ではないことも、われわれはよく承知しています。いくら近代の言説の「終わり」を宣言してみても、それは「終わり」の「終わり」を演出するにとどまり、近代の言説にあっさり吸収されてしまうからです。ことによると、

「終わり」の合唱に同調せずにおくことが大学の「主体性」なのかもしれませんが、そうすることもまた、大学の自治と呼ばれる無葛藤空間への逃亡を意味しており、外部に対する虚構の対立の擁護に貢献するのみでしょう。

こうした状況下で大学にできることは、ごくわずかなことでしかありません。それは、あたりに蔓延している近代の言説に政治的な色調を与えているのが何であるかを、的確に探りあてることにつきております。義務ではなく、大学にそなわっているはずの幸福への意志からその分析を試みるなら、「終わり」の一語を口にする者たちの表情を彩る装われた悲観主義こそが真の政治性だということが明らかになるはずです。実際、何やら悲劇的な終末が接近しつつあり、それを避けるには、困難な変革を実現しなければならないというのが、事態の緊急性に無知だと判断された人びとに向けて彼らが発するいつもながらの警鐘なのです。しかし、この種の変革がもっぱら管理社会の強化をめざしていることは、あえてアドルノの指摘をまつまでもなく明らかでしょう。

近代のコンプレックスを助長しているのは、いたるところに危機のありかを指摘してまわる者たちの口調をなめらかにするこの悲観主義にほかなりません。それが堕落した近代の言説の政治性だとするなら、こうしたコンプレックスの病状判断はごく単純なものであるはずです。実際、してはならないことについてなら饒舌に語りはしても、やってよいことについては口をつぐんでしまうというのが、その典型的な症状にほかなりません。禁止についてでは敏感でありながら、肯定することにはいたって無頓着な近代のコンプレックスにとらわれた者たちは、悲観的であることが言説の正統性の保証であるかに勘違いしているのです。「終わり」をめぐる言説の退屈な単調さは、肯定への感性を意気阻喪させたことに由来しています。

肯定すること。それは、推移しつつある事態に程よく同調することでえられる現実感覚の麻痺とはいっさい無縁の振る舞いです。義務ではなく、幸福への権利としてみずからを変容させようとする身振りこそが、ここでいう肯定にほかなりません。日本の大学は、近代の日本社会がそうであるように、禁止に対して敏感であろうとするあまり、肯定の身振りを演じきれずにおりました。この不幸な禁欲主義からの解放こそが、学問の自由にほかなりません。その自由を身をもって体験すべく、われわれは、「終わり」へのコンプレックスめいた言及とはいっさい無縁の領域で、喜ばしい権利の行使として肯定の身振りを演じてみたいと願っております。その願いを支えているのは、そうする方が快楽原則にかなっているという気軽な思いつきにすぎず、間違っても義務の意識などではありません。この気軽さを趣味として共有しうる感性の持ち主たちとの大がかりな連帯をはかることは、すでに大学の「主体性」を超えた問題なのでしょうか。

成功がその限界をきわだたせるという「二〇世紀」的な矛盾からの解放について

『IDE』一九九九年一月号

一つの明白な事実の指摘から始めねばなりません。それは、人類が一九世紀に別れをつげようとしていた一〇〇年前には、「二〇世紀の大学像」を語ろうとする者など大学の内部においてさえ一人として存在しなかったということです。この歴史的な現実に無自覚なまま、それがあたかも一般的な事象であるかのように「二一世紀の大学像」に言及するなら、その言葉のことごとくとはいわないまでも、そのかなりの部分が無償の饒舌に陥るしかないのは目に見えている。それを避けるには高度な知的配慮の体系が必要とされるはずですが、二〇世紀末に生きる人類にそれがそなわっているという客観的な保証などどこにも見当たりはしません。

なるほど、「科学の将来」という問題なら、一九世紀後半の西欧の哲学者たちの主要な関心事でありえたし、科学者たちもその主題の共有にまったく冷淡ではありませんでした。だが、「大学の将来」という主題が前世紀末の知的な思考の前面に浮上することなど一度としてなかったと断言できます。それは、それぞれの社会で「大学」の存在が当然視されていたのと同時に、その役割にいまほど過大な期待が寄せられていなかったことをも意味しています。いま「二一世紀の大学像」を模索する試みが世界各地でなされているとするなら、それは、こうした一世紀前の状況に大きな変化が生じたからにほかなりません。その変化はさまざまな領域で観察可能ですが、いずれにせよ「大学」がかつて経験したことのない事態に直面しているのは間違いありません。

そうした状況下で提出された今回の大学審議会答申は、孤立無援の言説をかたちづくるものではありません。実際、多くの国々がそれぞれ「二一世紀の大学像」の素描を競い合うという前例のない趨勢は、新たな思考を可能にする「言説空間」を組織すべき歴史性の自覚を煽りたてているはずです。意識的であると否とにかかわらず、新たな「言説空間」の組織化は、それ自体として何ごとかの徴候たらざるをえません。それは自信喪失が誘発する主体の動揺の徴候かもしれない。みずから変化しようとする主体のおのれへの揺るぎない確信かもしれない。あるいは、変化そのものへの無関心が保証する一般性の秩序への同調なのかも知れません。

わたくし自身が答申起草の最終段階で大学審議会委員に任命された身であることもあり、率直な批判の表明はさしひかえるべき立場におかれてはいます。それでも、問題の所在を示唆することぐらいは許されましょう。そこですぐさま指摘すべきことがらは、「二一世紀の大学像」がその言説を組織化する水準において新たな「言説空間」を構築することの歴史性に自覚的な主体を、あえて確立しまいとする力学に従っていたという事実にほかなりません。ここでの主体とは、答申の実際の起草が匿名の事務局員の手になるものだというあの審議会方式特有の構造とはひとまず無縁のものだし、この答申の役割がしかるべき政治的な力学の中であらかじめ限定されていたという現実とも無関係なものです。見落としてならないのは、一九世紀末には存在していなかった問題を新たに分析＝記述するという歴史的な役割に知的な脅えをいだいた者があまりいなかったという事実につきております。

そのとき必然的に起こるのは、「自然」さと「不自然」さとの混同にほかなりません。実際、前例のない試みとして「二一世紀の大学像」を素描することは、本来なら「不自然」さの領域におさまるべき体験です。それに多少とも自覚的なら、新たな「言説空間」の構築を模索する主体が必然的に形成されたはずなのです。それが実現されなかったのは、この答申の推敲が、多少の難儀をともないはしても本質的にはごく「自然」な体験と見なされていたことを示唆しています。思考から歴史性を奪うのは、この「自然」さの無意識の共有にほかなりません。事実、「二一世紀の大学像」に欠けているのは、まぎれもなく歴史でありま す。歴史的な視点がそっくり欠け落ちてしまった最大の理由は、主体が変化することなしに対象の変化について語りうるという合理的な一般性の秩序への確信が前提とされていたからにほかなりません。そのとき主体は消滅し、問題は技術的に解決可能な細部の処理に還元され、真摯に取り組めば事態は好転するという複数の善意の確信が、知的配慮の体系の介入を遠ざけてしまったのです。

だが、こうした技術と善意による問題の解決をあっさり無視するのが歴史の残酷さであります。それを直視せずに書かれた今回の答申は、多くの傾聴すべき指摘を含んでいながら最終的には「二〇世紀の大学像」の提出に終わり、変化そのものへの無関心が保証する一般性の秩序への同調を「徴候」としてきわだたせることになってしまいました。いまある日本の大学の構造と機能とをよりよい方向をめざしつつ技術的に再編成するという試みさえ行われていなかったのだから、多くの貴重な提言を含んでいるこの答申の内容を実行に移すことに積極的な意義のあることは当然です。にもかかわらず、何か肝心なものが語られずに終わったという印象が否めない。では、その肝心なものとは何なのか。

この種の答申によせられる批判の多くが、理念の不在の指摘であることはよく知られています。なるほど、問題の「二一世紀の大学像」には理念が欠けている。だが、理念といういささか形而上学的な上位の概念が細部の構造と機能とを規定しうるという思考の階層的な秩序は、「二〇世紀」的な客観性の域をいささかも超えるものではありません。ここに構築さるべき「言説空間」が必要としているのは、「理念」ではなくあくまで「歴史」なのです。

そしてこの「理念」から「歴史」への重点の移行は、運動しつつある対象を分析＝記述する主体そのものが運動するものであることを容認する新たな「言説空間」の構築をうながしております。その「言説空間」を視界に浮上させる以前に問題の技術的な解決がはかられてしまったところにこの答申の非＝歴史性が露呈されているのです。

ここで、「二一世紀の大学」という言葉の代わりに、「第三世代」の大学という概念の導入を提案したい誘惑にかられます。それは一九世紀の大学、二〇世紀の大学という「世紀」の概念に代わって、近代以後の社会で発展した大学を「第二世代」の大学として概括することの提案と同時的であります。実際、一九世紀末に「二〇世紀の大学像」が問われなかったのは、一九世紀と二〇世紀とが政治的にも文化的にも地続きの地平をかたちづくるだろうことを人類があらかじめ予想していたからにほかなりません。だが、同じ地平の延長線上に「二一世紀の大学像」が出現するとは信じられない事態が到来しているが故に、この二〇世紀末にあえてその素描が試みられているのです。

「第三世代」の大学の概念についてはすでにさまざまな場で言及していますが（「『第三世代』の大学をめざして」『知性のために』所収、岩波書店、一九九八年）、その論点をいささか異なる視点からくりかえすなら、神学や形而上学を中心的な学問として発達した中世以来の「第一世代」の大学との比較で、資本主義システムの確立期に近代化のための制度として成立した高等教育の機関を「第二世代」の大学と呼んで議論を進めることにします。それらはともに「大学」と呼ばれていながら、その機能も構造もまったく異質なものでした。人類がいま素描しつつあるきたるべき「二一世紀の大学像」も、われわれがごく自然にその意味を受け入れているその「大学」とは異なる何かとして創造されねばならない。なぜなら、「第二世代」の大学は「第一世代」の大学の中心的な学問であった形而上学を無意識のうちに受け継いでおり、それからの解放がいま求められているからです。

「人間」とは比較的最近の発見にすぎないといったのはミシェル・フーコーですが、そこでいわれている「人間」とは、「知にとっての客体であると同時に、認識の主体でもある」両義的な存在にほかなりません。「第二世代」の大学は、「理念」という上位の概念が細部の構造と機能を規定するという厳密な「言説空間」の中にこの「人間」の両義性を解消することで、数学や物理学の厳密さにふさわしい科学という一般性の秩序の確立を試みました。その暫定的な成功によって、「生命」を対象とする科学さえその厳密さの試練を当然のことと受け止め、「心」や「意識」や「表象」を対象とする科学も、同じ地位に甘んじているのが現状です。その結果、「第二世代」の大学の成功そのものが、同時にその限界をもきわだたせるという絶対的な矛盾に「二〇世紀の大学」は陥ってしまいました。

いま、政治、経済、文化を含んだ社会制度そのものにも同じ矛盾が露呈されています。そうした絶対的矛盾の直視を「二一世紀の大学像」が怠ったのは、「二〇世紀の大学」の成功がそのままその限界を開示しているという事態を歴史的に批判する視点が欠けていたからにほかなりません。政治における代表制度の機能不全、金融における信用制度の破綻、経済的な不況、産業における新製品開発意欲の鈍化など、いずれも成功がその限界をきわだたせるという「二〇世紀」的な矛盾への歴史的な批判の不在に起因しております。

模倣ではなく独創性こそが求められねばならぬといった非＝歴史的な言辞が無責任な流通ぶりを示している現状は、いかにも危機的だといわねばなりません。さまざまな試みにもかかわらず事態が好転しないのは、真に思考の名に値する力が生成される新たな「言説空間」の構築をはばんでいる「自然」さへの確信がいまなお人びとの心をとらえているからにほかなりません。独創性の概念など、その無意識な蔓延に貢献するばかりでしょう。

ここに「第三世代」の大学という概念をあえて提起するのは、成功が同時にその限界をきわだたせるという「二〇世紀」的な矛盾からの解放が歴史的な批判なくしてはありえないからです。その実践によって、「大学」は初めて社会に対する無意味に防御的な姿勢を放棄することになると確信しております。

贅沢な「ノイズ」への投資を

『山岡育英会会報』三三号
一九九八年

インデペンデントの映画監督として国際的に評価されているアメリカの知人が、お子さんの就職をめぐって面白い話をしてくれました。うちの息子は二七歳まで山岳ガイドをしていたのだが、あるとき不意に大学に戻って弁護士の資格を獲得し、いまでは瀟洒な事務所をかまえて大金をもうけているというのです。山男から少壮弁護士へという華麗な変身ぶりに虚をつかれ、思わず笑ってしまったのですが、父親もはにかみながら微笑んでいたところをみると、いかにも都会的な職業へのご子息の転身は、監督自身にとっても思いがけないものだったのでしょう。

日本のある地方都市での映画祭の折りに夕食後の話題としてふともらされた彼の言葉は、しかし登山と訴訟という取り合わせの意外さのみによってわたくしを驚かせたのではありません。日頃から、日本の大学生の就職年齢があまりに低すぎることに疑問をおぼえていたので、二七歳という年齢での職業選択を許すアメリカ社会の余裕と大学の開かれ方に、妬ましさをおぼえずにはいられませんでした。実際、法学部在学中から必死に司法試験の準備に専念し、一刻も早く弁護士資格を獲得しようとするのが普通な日本に比べて、こうした迂回を許容する社会システムのほうが遥かに贅沢なものに思えたのです。

わが国における大学入学者の就職選択はほぼ二二歳で行われていますが、高齢化社会の到来が問題となりつつあるいま、これはいくらなんでも早すぎるといわねばなりません。たしかに、理工系では大学院の修士課程を修了してからの就職がふえていますが、人文社会系の学生たちは、研究者として大学に残る人たちをのぞけば、いまでも学部の四年を終わった段階で就職するのが一般的な状況です。しかも、就職運動は三年を修了したとたんに始まりますから、彼らの職業の選択は、実質的には二〇歳の後半から二一歳の前半にかけて行われていることになります。しかも、就職年齢が低ければ低いほど、親孝行の「秀才」として誉めそやされるのが普通でしょう。事実、大学院からの就職組は、企業ではあまり優遇されておりません。

なるほど、苦労して大学に入学させたご家族にしてみれば、お子さんたちの就職が一日も早いことを祈っておられるにちがいない。また、彼らを受け入れる企業にしても、大学生活をストレートに切り上げた素直な若者たちを歓迎しておられるのかもしれません。しかし、正直なところ、いまの二〇歳の若い男女に、自分にふさわしい職業を選ぶだけの豊かな体験がそなわっているとは到底思えません。それは、大学がそれにふさわしい教育を怠っているからではなく、もっぱら現在社会の年齢構成からくる問題なのです。実際、日本という長寿社会で就職を急がねばならぬ理由はなにもないはずなのです。わたくし自身の体験からしても、大学が自信をもって学生を社会に送り出せるのは、彼らが修士論文を書き上げて以後のことにすぎません。学生たちも、その頃になって、初めて自分の性格がどんな職業に向いているのかを客観的に判断できるのです。日本社会は、そうした迂回路としての大学院をもっと活用すべきでしょう。

ついせんだって、マルセル・プルースト研究の世界的な権威であるパリ大学の教授にお会いしたのですが、その方との食事中の会話でも、同じような妬ましさをおぼえたものです。その教授は、フランスの工学系の秀才校ポリテクニックの出身で、土木技師の資格を持っておられました。その教授が、自分はある基金から奨学金をもらって数年間にわたって畑違いの文学研究を試み、二〇代の後半になってから、それを職業とすることに決めたのだといっておられたからです。これも、日本に比べてみると、なんとも贅沢なことだというべきでしょう。奨学金が、あえて専門の学業から離れ、他の領域での知識と見識を身につけようとする迂回期間の生活を保障するために与えられているからです。

欧米での平均的な就職年齢はほぼ二五歳であり、周辺諸国の韓国や台湾においても、兵役の関係もあってそれよりやや遅くなっていますが、あたりを見まわしてみて、日本ほど職業選択の年齢が低い国は存在しておりません。このことの異常さに気づくべきときにきております。なるほど、生産に主眼がおかれていた高度成長期まではそれでよかったのかもしれませんが、知識集約型の社会の到来とともに、事態は明らかに変化しているはずです。このままでは、学生たちはあまりにも貧しい体験とともに社会に出てゆくことになるのですが、そのことが二一世紀の日本社会から活力を奪い、国際的な競争力を弱めるように思えてなりません。

知識集約型の社会における豊かさとは、手にしている情報をとりかこむ「ノイズ」（雑音）の量に比例するものです。「ノイズ」とは、当面の記号の解読には直接かかわりを持たぬ情報にほかなりませんが、情報社会にあっての最大の問題は、正しい情報処理が貧しさしか保証しないというところにあります。日本では、的確に「ノイズ」を排除することの得意な人を「秀才」と呼んでいますが、そうした「秀才」が向かい合う情報はあくまで潜在的なものにとどまり、それが顕在化される瞬間に立ち会うことは避けられています。顕在化された情報は決まって「ノイズ」にかこまれているものです。山男から弁護士への転身や、土木技師から文学研究者への転身が煽りたてる妬ましさは、なによりもまず、彼らの職業の選択にあたっての「ノイズ」の贅沢な豊かさにあります。

例えば、一八歳で官僚――（研究者とおきかえても話は変わりません）――となることをめざした「秀才」が二二歳でその夢を実現した場合は、そのとき、彼または彼女が手にしている「ノイズ」の貧しさは歴然としています。その貧しさ故に、「秀才」たちは閉ざされた縦社会に保護されることを求めざるをえません。真の奨学金は、この貧しさを贅沢さへと変貌させるための迂回期間にこそ投資されねばならぬはずだと思っていますが、はたして、現代の日本社会はそれを容認するでしょうか。

留学生は古語となる

『留学生交流』一九九七年八月号

とうの昔に死語となっていて何の不思議もないはずなのに、いまだに旺盛な流通ぶりをみせているいくつかの語彙が存在しています。さしずめ「留学」という単語などが、その一つだというべきかもしれません。実際、「維新」だの「文明開化」だの「富国強兵」だのといった漢語の系列に矛盾なくおさまりそうな雰囲気を引きずっているこの言葉が、バブルの崩壊だの日本版ビッグバンだのマルチメディアだのといった言葉が飛び交う時代になおも生きのびているのは、何とも奇妙な現象です。それは、スニーカーをなお運動靴と呼びつづけることの頑迷さににた違和感とどこかで通じあっているからです。

実際、脱工業化時代と呼ばれたりもする消費社会の到来とともに、夏目漱石や森鷗外のような心構えで海外に出かけてゆく者などもはや一人としていなくなっております。いまこの領域で起こっているのは、しかるべき学問をより専門的に学ぶため、それにふさわしいと判断された外国の大学に籍をおき、しかるべき教授の指導を仰ぎ、学位の獲得をめざすというだけのことにすぎません。経済的にも充分な余裕をもって外国での研究生活を送るこの人たちの身分を、いささか余裕を欠いた明治の文豪たちのそれと同じ語彙で「留学」と呼ぶのはどうも不自然に思えてなりません。

事実、こんにちの一般化された「留学」が意味しているものは、漱石や鷗外がヨーロッパで体験しただろう生活とはまったく違っている。明治期のそれと異なり、現代の「留学生」たちは、いわゆる先進国の大学ばかりを選ぶとはかぎらないからです。彼らは、その専攻領域に応じて、五つの大陸のどんな奥地にでも勇んででかけてゆきます。また、自分のキャリアにとってそれが必要だからという理由で海外の大学に登録するわけだから、そこでの研究が成功するか否かはもっぱら個人の問題なのです。だが、若き日の明治の文豪たちの背後には、彼らがそれを意識したか否かとは無関係に、まぎれもなく強烈な国家意識が存在していました。国家としての日本の将来を背負って立つべき選ばれた存在にふさわしく、彼らの滞在する外国はきまって先進国が選ばれ、その滞在も遅れをとり戻すという国家目標にそうものであったが故に失敗は許されなかったのです。だから漱石はいくぶんノイローゼ気味の精神状態に陥ったのだし、鷗外もまた、日本に対する認識を欠いた外国人相手に派手な論争をくりひろげたりしているのです。漱石や鷗外らとはいささか事情が違う永井荷風の留学の場合にも、家長が後継ぎを先進国に送り出して箔をつけるという目的があったはずであり、いずれにせよ、それは何らかの利益をもたらすべき投資の対象とみなされていたはずなのです。

ことによると、第二次世界大戦後に再開された留学制度の享受者たちにも、こうした明治の文豪たちににた責任感があったのかもしれません。民主主義国家の建設というある種の公的な期待が、彼らの外国での身振りを律していたはずだからです。だが、今日の「留学」の背後には国家意識も認められないし、投資の対象という機能もほとんど演じられることがありません。遅れを取り戻すことも箔をつけることも、初めからめざされていないからだ。だから、海外の教育施設で学ぶという点では同じでありながら、「留学」という言葉の意味は昔と今とでまったく異なっているはずなのです。にもかかわらず、両者を同じ「留学」という言葉で表現しつづけている現実には、どうも無理があるように思えてなりません。

おそらく、意味の水準における大はばなずれにもかかわらず、なお「留学生」という語彙が死語にならずにいる理由は、現代の日本が「先進国」として多くの外国人学生を受け入れているという意識があるからでしょう。だが、日本の大学に籍を置こうとする外国人の学生は、「後進国」の出身者ばかりとはかぎりません。そうした現代の「留学生」たちの多くは、たまたま外国籍をもってはいるが、日本の大学の学生であることにはかわりがありません。だから、彼らは、日本人の学生と同様、日本の大学の教育と研究の主体にほかならず、決して過渡的なお客様といった存在ではないはずなのですが、「留学」という言葉は、彼らの大学に対する主体的なかかわりをどこかで否定しているように思えてなりません。

わたくしが「フランス政府給費留学生」として東京を離れた一九六二年には、何しろ一ドルがまだ三六〇円もした時代で、横浜からマルセイユまで三〇日余もかかる船旅だったので、いくぶん「留学」という雰囲気が残っていないでもありませんでした。しかし、正式の履歴書などにも書く「フランス政府給費留学生」という言葉に相当するフランス語はじつは存在しておりません。それにあたるフランス語は、「フランス政府給費生」というごく単純なものなのです。英語の場合にも、「留学生」にあたる特別な単語は見当たりません。給費をえているか否かにかかわらず、いずれも登録している大学の学生としてのあつかいを受けているだけです。

パリ大学文学人文科学部の博士課程に登録したわたくしの場合、論文の提出までの三年半のあいだ、指導教授から「留学生」として扱われたという記憶はまるでありません。その教授にとって、わたくしは一人のパリ大学の学生でしかなかったわけで、その指導ぶりは、もちろんフランス人の学生に対すると同様に大層厳しいものでした。日本の書類の紙面では「フランス政府給費留学生」であったわたくしが、意識の上でパリ大学の学生として振る舞うことができたのはそのためなのです。もちろん、他人の言葉に応じるときにことさら「留学」という表現を避けようとは思いませんが、この語彙にはさっぱり現実感がわきません。おそらく、わたくしの内部では、「留学」という言葉はとうの昔に死語となっていたからでしょう。にもかかわらず、過去二年間、東京大学の留学生交流委員会委員長として、この語彙を月に一度は口にせざるをえなかったわたくしは、意に反して、それが死語となることにさからい続けていたのかもしれません。

Ⅳ　東京大学をめざす若い男女に

「開かれた濃密さ」へ

『東京大学新聞』二〇一三号
一九九八年七月二一日

第三世代の大学像

多少雑駁な話ですが、学問の歴史を振り返ってみると、中世に西欧で生まれた大学は神学に重きを置いた、超越的な真理を探求する場であったわけです。真理とは超越者すなわち神が担っており、法学にしても法律は二義的なものであって本当の正しさは法律以外のところにあった。ところが、あるときコペルニクス的転回が起こるわけですね。つまり、法律に書いてあることこそ正しいということになって、その背後にあった超越的な正しさという概念は、消えないまでも二義的なものになってしまった。

仮に前段階の大学を第一世代と呼ぶならば、後者の第二世代の大学は近代の国民国家の興隆期にできあがった大学であり、高さのイメージとつながっている。それは生産力を高めなければならない、国民の知識を高めなければならないといった上昇のイメージであり、それが安田講堂の塔として象徴されているわけです。

　だからこれからの大学、第三世代の大学は高さとは別のところ――広がりに大学の使命を置かなければならない。ただし「大学を開く」という話はたくさんありますが、全部開いてしまっては大学と大学以外との差異がなくなりますから、大学が大学である自己同一性とまでは呼ばないまでも、あるものが必要だ。それは濃度、開かれた濃密さだと思うんです。大気というのは開かれていますが、そのなかに気圧や風圧の違いがある。大学はそのように外と隔絶された違いではなく、開かれていながらも違った気圧とか風圧とかをつくり出していく場所であろう。大学が大学以外の場とさまざまな形でコネクションをつけていく、そのコネクションのあり方が多様なものであればあるほど、大学の濃密さは自分自身を維持できるだろうし、他との関係も濃いものになっていく。早い話がネットワーク型大学ということになるのですが、ネットワークということばには文化的コノテーション（二義的意味）がありますので、それとは違ったものを、もっと思いがけない形で大学の周辺に形づくっていかなければならない。

　それでは大学におけるネットワークとはどのようなものになるか。

　電子メディアによるネットワークの特徴は、世界を平板化したことです。世界が同時にあらゆることを同じように考えてしまう――いわば地球中が田舎になった。M・フーコーは生産することができない（経済活動から落ちた）、言語による情報伝達からずり落ちた、それから自己を再生産するものとしての生物学的主体になれない――という三点を狂人の定義としていますが、電子情報ネットワークだけが世界を覆うと、あらゆる人が正常人になってしまう。別の表現をすると昼と夜とを殺してしまうわけです。電子メールは昼夜構わず届き、夜の妄想の時間を消してしまいかねない。わたくしはあらゆる芸術が妄想の発現だとは思いませんけれども、都会の夜にある創造的な混沌が無視されがちなことは大きい。無駄なことばを交しているうちに思いがけないものが生まれてくるような夜のノイズの生産性——たとえば、国際会議があるとすると、昼間は建前でしゃべっていますが、夜に建前で話していた男女が恋に落ちることもある。その恋でさえネットワークなんです。そういう意味でのネットワークを殺さない世界というのが大事なんです。

賭けの生産性

大学のすごさは、見えている「昼の部分」だけでは絶対にないんですね。簡単な話ですが、なぜ中田英寿という選手が世界的に注目されたのか。彼は昼の部分だけがサッカーだとは思っていないわけです。今回のワールドカップで彼は一点の得点をあげたわけでも、彼のスルーパスが有効であったわけでもないけれども、見るべき人は「夜の部分」を含めた可能性を彼の内に見ている。おそらく大学のすごさというのもそれであって、昼のさまざまな情報の総合だけでは大学の評判は立たない。どれほど優れた業績を上げた学者も、何かのノイズをその背後に持っていると思わせなくては、外国人はその人を尊敬しない。日本の顔が見えないといわれるのもそこなんです。日本は昼の部分しか取り繕っていなくて、夜の広がりを見せることをしていない。中国が公式なことばを一つ洩らしたって、そのことばが中国の正式見解だとは誰も思わないでしょう。つまり中国は闇の部分、非日常の部分で勝負しているわけです。

むしろ日本には何が生産的かという人々のコンセンサスがないと思うんです。生産的というのは、必ず「賭け」の問題なんです。これだけ結果を残したからこの人は生産的であるというのは賭けではない。可能性があると思うからこれだけの予算をつけなければいけないというのが賭けです。あまりに日本は賭けに対するコンセンサスがなさすぎる。ところが、教師の仕事というのは賭けの部分を持っていない限り、自分と同じものの再生産で終わってしまう。この人はまだ仕事を出していないけれども今後は見込みがあるという場合は、教師はその人に賭けるべきだと思う。入学試験にだって賭けの要素があってもいい。それをどうやって大学に取り込み、生産性を高めていくか、わたくしなんかつい、高校を回ってスカウトした方がいいんじゃないかといってますけれども（笑）、スカウトというのは賭けですよね。

競合する複数の東京大学

柏キャンパスは、東京大学が複数の東京大学になる第一歩である気がしているんです。わたくしは総長がいてそれぞれの学部・研究所が支えていくという東京大学のピラミッド的な三角形にいい加減うんざりしているんです。最終的に東京大学の権力構造は三角形のピラミッドになるのかもしれませんが、フィクションとしてあたかも複数の大学が競合し合っているような形で、その三角形がつくり上げられたら一番いい。大学のなかで一番おもしろいのは、競合です。他から必要なものを吸い寄せ、自分の持っているものを与えることによってお互いが生産的になる。柏は、おそらくその競合性がより強まる最大のきっかけとなるでしょう。

現在、学問領域が細分化していますから、細分化を統合していくアイディアが必要です。でないと、細分化した領域にしか適用しない専門家しか育ちませんから。柏においても細分化は起こるかもしれないけれども、細分化を軸にしてある種の統合の力みたいなものが出てくることが、柏をつくることの最大の意味だと思うわけです。

柏には日本がまだ持ったことがない新しい学問をそこにつくり上げていくという使命もあり、それは例えば生命科学もそうです。生命科学に関しては、東京大学には優れた研究者がいて、さまざまな場所で活躍しておられますが、その方々は所属している部局や研究所をなかなか超えがたい。医学部で生命科学を考える人たちは本当は医学部を超えているはずなんですけれども、身分の上で医学部に位置する。それならば、それを統合する何かが必要であり、柏がそういった今までの学部を超えた学問体系がより自由に出てくる場所になってほしい。それは環境学や基盤科学に関してもまったく同じで、それぞれの部局を一つに結集して学問をつくっていくというある種の統合の精神、競合関係のある大きな枠組みが出てきたらいいですね。

センターからサークルへ

そういう意味でも、東京大学で行われている教育研究の現状は、やはりまだタテ構造が強い。それぞれの学部で、教授がいて助教授がいて助手がいてその下に学生がいる。もちろんそれとは違う、それを超えるものとして、（研究）センターが複数ある。ところがセンターというのは確かにタテ構造ではないんですけれども、その力は中心に向かって収斂していく。いま東京大学が必要としているとしたら、今度は外に向かって広がっていくリング状の力学だと思うんです。その輪の中では、学部と研究所は対等な形で融合していく。簡単な例を挙げると、東京大学には日本を研究する方が外国からたくさん来るわけですが、その方々もたまたま所属した学部なり研究所なりからなかなか出ない。ほとんど同じことを別のやり方でやっている人が別の学部にいるかもしれないし、まったく異なった視点を持った人が別の研究所にいるかもしれない。おそらく外国から訪れている日本研究者は、東京大学の多様な顔を見ずに帰るわけです。ですから日本なら日本という一種のリング状の組織（わたくしはサークルといっているのですけれども）、円環状のサークルを東京大学の中に複数回していきたい。現在はどんな立場からどんな研究をしている人が東京大学にいるかという情報さえない。あるとき図書館に頼んで「日本ということを研究している人がどれだけいますか」と聞いたら、いろんな資料をもとに調べてくださったんですけれども、それでもその人の著作に日本という文字が入っていないと全部外されてしまう。そうではなくて、内容的に日本を扱っている大きなグループをつくっていくことが絶対に必要です。日本だけではなく、視聴覚的な情報、身体と精神分析といった分野も特に欠けているわけです。もし、その横のサークルがより生産的になったら、これは一種のネットワークですから、第三世代の大学として機能する基盤が築かれるのだと思うんです。

知的な柔軟さのさらなる創出に向けて

『学内広報』一一〇二号
柏キャンパス構想報告書特集号

創立から正確に一二〇年目にあたる一九九七年の五月二〇日に開催された評議会は、東京大学の歴史にとって記念すべきものとなるでしょう。一世紀を超える伝統の重みを充分に踏まえながら、来るべき世紀にふさわしい新たなキャンパス構想とそのアカデミック・プランや組織論の大筋が、その日、全学の総意として承認されたからです。その輪郭は、新キャンパス等構想推進委員会から提出された『柏新キャンパス全体構想に関する報告書』に詳しく記述されております。その『報告書』の内容が評議会で承認された瞬間、何世代も前から真摯な検討の対象とされてきた東京大学の「三極構想」は潜在的なものであることをやめ、まぎれもなく顕在的なものとなり始めたのであります。

評議会におけるこの『報告書』の承認には、月に一度の合議形成の儀式とは異なる深い意味がこめられているとみなければなりません。内外に向けて誇るべき幾多の実績を有していながら、なお、より高度の学術的な組織の構築へと向けてみずからを変容せしめようとする東京大学の熱をおびた知性が、『報告書』をかたちづくる文章のすみずみまで脈打っていることを見逃す者はいなかったからです。それは、決して短くはない討論の過程で費やされた膨大なエネルギーが、大学という知的空間にふさわしい分析的な思考の深化と、その効果的な総合化にまぎれもなく貢献していたのだという事実を、雄弁に証言するものであります。われわれは、そうした事態の推移にこめられていた大胆な試みや貴重な試行錯誤のあとを、いま、時間の厚みを介してまざまざと触知することができるのです。

複雑な意志決定の機構とその機能の非効率性がしばしば揶揄の対象とされがちだったアカデミックな自治組織が、個々の学部や研究所の利害を超えて、より大きな変容の可能性に向けて一つの意志を表明したことの意義はきわめて重いものがあります。だが、ことあるごとに強調される「大学改革」の不可避性へのいささか性急な同調ぶりと、われわれの新キャンパス構想のゆっくり時間をかけた実現の歩みとは、厳密に峻別されねばなりません。東京大学の柏キャンパス構想にはすでに二〇年におよぶ長い歴史が存在しており、その間、大学にとって何が変化すべきであり、何が変化すべきでないかをめぐって、慎重かつ大胆な議論が充分すぎるほどかさねられていたからであります。その意味で、この『報告書』が提起している組織改革の可能性は、あくまで東京大学の自発的な発想に支えられたものなのであります。それがたまたま「改革」の一時期に発表されたことは、もっぱらこの大学の先見性を証言するものと理解されねばなりません。

いうまでもなく、この『報告書』には、たんに柏キャンパスにおける新たな大学院研究科の設置やセンター等の再編、あるいは組織論の構想ばかりが語られているわけではありません。総合大学としての知性を高度に駆使することで確かな輪郭におさまろうとしているこの構想には、東京大学の過去と現在と未来とが、そこに凝縮されたかたちで影を落としているからであります。実際、創設いらい最初の七〇年間は本郷を中心とした一つの「極」で充実した時間を刻み、その後の五〇年間、本郷と駒場という二つの「極」に活動の中心をすえることでさらなる豊かさを体験しえた東京大学の教育研究は、柏という三つ目の「極」を加えることで、まったく新たな局面を迎えることになるでしょう。国立大学としての社会的な責務として、学問的な伝統の継承と深化に加えて、新たな研究分野の開発という創造的な役割を率先して担いこむことになるからです。

東京大学が、この『報告書』で述べられている構想のアカデミックな内容に深い確信をいだいていることはいうまでもありません。だが、それが実現されるまでには、細部のさらなる検討による内部的な修正はいうまでもなく、外部の視線による批判を率直に受け止めての部分的な変更もまた不可欠なものと判断しております。構想を支える基本的な精神が大きく揺らぐことのないかぎり、『柏新キャンパス全体構想に関する報告書』は、なお必要と思われる変化を蒙る可能性をいささかも排除するものではありません。その知的な柔軟さこそ、二一世紀の東京大学のアカデミックな姿勢を象徴するものとなるはずなのです。

「恐ろしさ」について

『教養学部報』四一〇号
一九九七年四月

いま東京大学の学生になったばかりのあなたに、ほんらいなら多少の修辞を凝らした祝福の言葉を投げかけることから始めるべきなのかもしれません。だが、鋭い感性の持ち主にはいずれはっきりすることなので、ためらうことなくこう断言してしまうのがよかろうと思います。あなたが、いま、あなたの同類たちとともにこの新たな空間で出会おうとしているのは、何よりもまず「恐ろしさ」にほかならぬということを。しかも、多くの場合、その「恐ろしさ」はいささかも「恐ろしさ」にふさわしい表情をまとっていない。では、そんな「恐ろしさ」に、どのように対処することができるのでしょうか。

もちろん、あなたは、これからしばらくの間、新たな環境としての東京大学の雑多な表情に好奇の瞳を向け、その目新しい配置ぶりに戸惑ってみたり、いくぶんか目移りしながらも、やや距離をおいてそれと接することにつとめるでしょう。あるいは、そうした細部がひそかにとどめている古めかしさをさぐりあて、鈍い失望を味わったりするのかもしれません。いずれにせよ、そうしたすべてのことがらは、あなたにとって、忘れがたい「新鮮な」体験となるはずです。

しかし、これまで距離を介してまさぐっていた未知の環境としての東京大学が、不意に思いもかけぬ親しみやすさで微笑みかけてくるのを、あなたはさしたる驚きもなく実感することになるでしょう。すでに自分を「新入生」とは意識しなくなっているあなたは、そのとき、あたりに流通しているいくつもの記号をめざとくとらえ、それがおさまるべき文脈をあれこれ按配しながら、そこに浮上してくる複数の意味を難無く解読する術を心得ているはずです。あなたの心とからだとは、周囲の環境と無理なく調和し、そこでごく自然な身振りさえ演じているでしょう。「恐ろしさ」と出会うことになるのは、まさにそんな瞬間なのです。

そのとき、あなたは、自覚の有無にかかわらず、「第二の自然」としての東京大学の保護を快く受け入れている。ある種の秩序をごく当然の前提として共有しているかぎり、自分の言動と他者の反応が齟齬をきたすこともまずないでしょう。その当然の前提がひとまず「自然」なものと映るのは、そこでくりひろげられるあなたの思考とあなたの身振りがいかなる葛藤にも出会うことがないからにほかなりません。にもかかわらず、その「自然」さの印象は、きわめて人工的なものに支えられております。実際、到底自明のものとはいえない多くの細則や、外部の視線にはときに不条理とさえ映りかねない無数の慣習、あるいは特定の集団的な行動パターンに支配されている東京大学が、純粋に「自然」な環境であろうはずもありません。すべてが、その起源においては、いまはそうと意識されなくなった人為的な発想によってかたちづくられたものである以上、ある種の人びとにはごく当然のものとして作用していようと、それはあくまで「不自然」なものでしかないからです。それがあたかも「自然」なものとみなされてしまうのだから、われわれは、それを「第二の自然」と呼ぶほかはないのであります。

あなたが、いま東京大学という新たな環境で出会おうとしているのは、まさしく「第二の自然」として成立したものの「恐ろしさ」であります。厄介なことに、それはごく「自然」なものとして作用しているので、いささかも敵意ある表情を浮かべてはおらず、かえって甘美な微笑さえたたえている。だが、考えてみるまでもなく、その表情の敵意のなさと微笑の甘美さには、本来の「不自然」さを視界から一掃し、すべてを「自然」な照明のもとに置き換えてしまうという不実な力学がみなぎっているのです。

いうまでもありませんが、あなたがたを迎え入れた東京大学だけが「第二の自然」として機能しているのではありません。不実な力学は、いま、いたるところで作動しております。人ほんのわずかな距離をとりさえすればその「不自然」さがすぐにもきわだつはずなのに、人びとはそのわずかな距離をとり惜しみ、当面の快適さから、つい「自然」さと戯れることを選んでしまうのです。そこには、馴れることは恐ろしいという一般的な真実を超えた、生の倫理への侮りが露呈している。いま、東京大学という新たな環境に接しようとしているあなたには、それを格好の機会として、そのことの「恐ろしさ」とわずかなりとも出会ってほしいと思います。

理系、文系をとわず、あらゆる科学は、ひとまず「自然」さを装った体系として提示されております。その事実を頭から拒絶することには、もちろん何の意味もない。ただ、それが「第二の自然」として機能する場合、ときに思考の運動を廃棄しかねぬ作用を演じていることにもいくぶんか意識的でなければならないはずです。それには、「恐ろしさ」への感性を見失わずにいることが肝心だろう。それこそ、生の倫理の実践にほかならないからでありす。にわかには「恐ろしさ」とはみなしがたいものの「恐ろしさ」を身をもって受け止めえたとき、あなたは、初めて祝福の言葉を受け止めるにふさわしい存在へと変貌していることでしょう。

受験生諸君へ

『東京大学入学者募集要項』
平成一〇年度　一九九七年一一月

あなたがたがそこで学ぶことを切実に希望しておられる東京大学は、一八七七年に創設された日本で最も古い国立大学です。また、それは一〇の学部、一二の大学院研究科、一一の附置研究所からなる日本で最も大きな国立大学でもあります。さらには、わが国で最も質の高い教育と研究の行われているのが東京大学だともいわれており、その事実は、国際的にも広く認知されております。

あなたがたを惹きつけているのは、しかし、そうした伝統の古さや、規模の大きさや、世評の高さばかりではあるまいと思われます。おそらく、みずからこの組織の構造の一部となり、その有効な機能に親しく加担してみたいと思わずにはいられない何かを、この大学はあたりに波及させている。多くの若い魂を魅了するその「何か」とは、いったいどんなものなのでしょうか。

その「何か」を身をもって確かめていただくために、東京大学は、毎年、前期日程と後期日程という二度の入学者選抜の機会を設けております。だが、それは、あなたがたに課された義務ではなく、権利なのです。どうか、それを、喜ばしい権利として存分に行使していただきたい。そうすることで、その「何か」を、大学にとっても未知の深い驚きへと変容させていただきたいのです。

あらゆる組織は、未知の驚きへの感性を放棄した瞬間に若さを失い、崩壊の道をたどりはじめます。だから、東京大学にとって、受験生であるあなたがたとの出会いは、組織としての若さの維持に不可欠な希有の体験なのです。そこで試練にふされるのは、あなたがた一人ひとりである以上に、大学そのものだといえます。わたくしたちが、細心の注意をはらって、選抜手段の繊細化につとめているのは、そのためにほかなりません。

あなたがたにとって、希望する大学の試験に首尾よく合格することは、始まりでもなければ終わりでもありません。それは、日々更新さるべき生の一過程にほかならないはずであります。結果ではなく、過程における存在の充実を体験しうる若き人材との新たな遭遇を、わたくしたちは心から希望しております。その出会いが可能となるとき、あなたがたを惹きつけていた東京大学の「何か」は、さらなる輝きをまとうことになるはずだからです。

思考の誕生

『教養学部報』四一九号
一九九八年四月

「自分で考えること」の重要さが、教育の場でしばしば指摘されています。他人に頼らず、「自分ひとりで考え」てみようといったことが、「個性重視」だの「独創性」だのといった概念とともに無闇に推奨されているのです。大学では、「自分で考えること」を学ばねばならないなどといわれたりもしています。だが、この「自分で考えること」という概念ははなはだ疑わしい。疑わしいというより、そんなことばかりが推奨されているのは、いかにも危険な兆候だといわねばなりません。

そもそも、「自分で考えること」の重要さを指摘する人のほとんどは、「個性重視」や「独創性」を主張する人びとの場合がそうであるように、「自分ひとりで考え」たことの帰結としてそう宣言しているわけではありません。多くの場合、まったく「自分で考えること」などせず、あたりに流通する言葉を機械的に反復してみたにすぎないのです。だから、この種の指摘は、抽象的なものにとどまらざるをえません。かりに、真剣に「自分で考えた」結果、そうした結論に達したとみずから信じている人がいるとするなら、その知性は、到底教育にふさわしいものとはいえないでしょう。いま、多くの人が、いたるところでそうした指摘をしており、それが一つの趨勢とさえなっているのですから、その人たちがいう「自分で考えること」などたかが知れているという結論こそ、そこから引き出すべきなのです。にもかかわらず、あいかわらず「自分で考えること」の重要さばかりを指摘する人があとをたたぬのは、やはり危険な兆候だといわねばなりません。

なるほど、「自分で考えること」の重要さという命題には、にわかには反論しがたい正当さがこめられているかにみえます。それを否定するには、「自分で考えること」は愚かなことだという真実をあえて立証すべきなのかもしれません。そうすることは、人類の一人としていささか気が滅入ります。だが、その必要はありません。「自分で考える」ことの擁護が、あくまで抽象的な言説でしかないことを指摘すればそれですむことなのです。「自分ひとりで考え」たことなど「たかが知れている」というのは、まぎれもない事実です。人間が社会的かつ歴史的な存在である以上、それは当然でしょう。実際、一つの思考は、一つの考える主体がいくつもの考える主体と遭遇し、そこでの葛藤を通して、初めて思考の萌芽的な可能性として形成されるものです。あたかも、この宇宙に自分一人しか存在していないかのような孤独な思考を「自分で考えること」として擁護する姿勢は、いかにもロマン主義的なものだというほかはありません。そんな姿勢の歴史的な役割は、遥か以前に終っているはずなのです。にもかかわらず、二〇世紀も終ろうとしているこの時期に、なお「自分で考えること」の重要さが改めて指摘されたりするのは、どうしてなのでしょうか。

それは、そう主張する者の歴史的な無知をあからさまに示しています。あるいは、その指摘で何か別の主張をしたいと思いながら、それにふさわしい言葉が見当たらないのか、それとも別の主張をしたがっている「自分」自身に無意識なだけなのかもしれません。そもそも、教育とは「他人とともに考えること」の実践としてあるはずです。そのために教師が必要だし、クラスメートも必要なのだし、書物を読むことの意味もそこにあるはずです。問題なのは、そうした「他人」たちが、充分に「他人」として意識されがたい風土が蔓延しがちなところにあります。たがいに自己の内面のイメージを投影しあうこと、「他人」の「他人性」を希薄にすることが、「他人」を理解することだと考えられてしまうのです。「自分で考えること」の重要さという指摘は、そうしたところに生まれる抽象的な思考にほかなりません。

他者の存在を無視した「自分」だけの思考が、刺激的なものたりうるはずもありません。実際、「自分で考えること」が最初につきあたるのは、「自分ひとりで考え」たことなどいかにも貧しいものだという自覚なのです。もとより、そんなものは「たかが知れている」。同時に、「ひとりで考えて」いるはずの「自分」なるものを、「自分」自身が充分に統御しうるとは限らない事態にも自覚的たらざるをえないはずです。

学問の体系と歴史とは、まさに「他人が考えたこと」の総体にほかならず、それと親しく触れることなく形成された思考など、およそ思考の名には値しません。日常生活においても事態は変わらず、「自分で考えること」のほとんどは、すでにどこかで「他人が考えた」ことのくりかえしにすぎません。まさしくそのことの自覚のうえに、初めて「自分で考えること」の基盤が形成されるのです。だから、重要なのは、「自分で考えること」ではなく、あくまで「他人とともに考えること」なのです。

もちろん「他人とともに考える」とは、「他人の考え」を「自分の考え」としてうけいれることではありません。また、ここでいう「他人」とは、「自分」の内面の何かが投影されたイメージなのでもありません。たやすくはイメージとして内面化しがたい存在こそが「他人」なのです。その異質な存在に触れることで、「自分」はきまって変化せざるをえない。その変化の過程で、「自分」自身には属することのない新鮮な驚きとして、「自分の考え」が形成されるにすぎません。思考の誕生とはそうしたものなのです。

思考の誕生とはきわめて具体的な体験であり、「自分で考えること」の抽象性から導きだされるものではありません。それは、あなたの東京大学在学中に、かろうじて一度立ち会いうるかどうかという希薄な体験なのです。であるがゆえに、思考の誕生に立ち会うことは、貴重で、残酷な体験ともなるでしょう。あなたの知性は、その希薄さと残酷さへの感性をはぐくむために費やされねばなりません。

大会に参加する若い男女に向けて

第一八回東京大学総長杯争奪全国学生弁論大会挨拶
一九九八年一二月一五日

多くの聴衆を前にして何かを語ることの貴重さは、それが、複数の耳によって聞かれ、複数の瞳によって見られる体験であることにつきています。いかなる主題を論じる場合であろうと、それぞれの語る主体は、そのとき不特定多数の視覚と聴覚による試練で無防備な裸体に還元され、言葉を失うか、他者との接触による創造的な変化をうけいれざるをえません。その変化は語る主体の全存在に及ぶものだという意味で、かけがえのない教育的な体験であると同時に、この上なくエロチックな体験でもあります。このエロチシズムに徹底的に無感覚だったために、日本における弁論の多くが無償の饒舌に陥りがちであることは、誰もが体験によって知っております。今回で一八回目を迎える東京大学総長杯争奪全国学生弁論大会が、来るべき世紀に向けて、言語体験をめぐるこの日本的な鈍感さの打破に大きく貢献することを望んでやみません。

「誘惑」と「目覚め」

『教養学部報』四二八号
一九九九年四月

　ただわけもなく何かに惹きつけられてしまうという体験を誰もが知っています。多少なりとも体系化されていた知識の累積などあざ笑うかのように、あるとき、思いもかけぬ甘美な何ものかの不意撃ちが、いきなり存在を武装解除してしまう。その煽りをうけて、孤立無援のまま取り乱しながら、そこにかもしだされる快感をあられもなくうけいれてしまうといったできごとが、あなたの身にも一度や二度は起こっているはずです。

　それは生きた人間でも、自然のごくとるにたらない断片でもよいのですが、そのまわりの見なれた世界がいきなり表情を変え、それがそこにあるというだけのことが妖しい気配となって迫ってくる。そうした瞬間が、たしかにあるのです。そのさからいがたい磁力に身をゆだね、これはいったい何なのかと誰もが思わず息をのむ。そんなとき、時間と空間の感覚はゆるやかに揺らぎ始め、知性の逡巡が確かなものとなってゆく。それにつれて、わかちがたく一つになった痛みと快感のさなかで目覚めるしかない裸の自分を、それでよいと認めてしまいそうになるのです。

それは、ことによると、かぎりなく死に近い体験かも知れない。あるいは、生の過剰と呼ぶべき体験なのかも知れません。とにかく、未知の何かと素肌で接しあっているはずなのに、ふと、失われた貴重な何かにいだかれでもしているかのような懐かしさがこみあげてくる。何かが、自分の中で、これにさからってはならないとささやきかけているのです。

そうした体験を、人は一般に「誘惑」と呼んでいます。誘い、惑わすこと。あるいは、誘われ、惑わされること。いったい、わたくしたちは、そんな状況に身をまかせる術を、どこでどのようにして心得たのでしょうか。本能として身につけていたのでしょうか。それとも、一つの文化として体得したのでしょうか。ことによると、それへの資質があらかじめDNAに書きこまれているのかもしれない。あるいは、しかるべきモデルを見ようみまねで覚えてしまったのでしょうか。

だが、ほとんどの場合、人はこうした「誘惑」をそっとその場におきざりにして遠ざかり、それまでの時間と空間をとりもどそうとします。そうでもしないかぎり、まともな社会的な生活などとてもいとなめそうにないからですが、それが健全な生き方というものでしょう。もっとも、日々の起伏のない時空に埋没して暮らすことがどれほど味気無いものであるかを教えてくれるのも、また社会なのです。

ただ、社会にできるものはといえば、「誘惑」の実践そのものというより、その効果の一つにほかならぬ息抜きの規格化といったものにとどまっています。

飲酒、あるいはしかるべき薬物をたしなむことなど、何らかの手段で緊張をときほぐし、時間と空間からの一時的な逃避を実現するというのが、規格化された息抜きの伝統的なタイプでした。近年では、ジョギングやカラオケなどが新たに規格化されていますが、研究生活にそうした麻薬的な効果を期待するという人も、大学という淫靡な知的環境には何人か発見できるかもしれない。

しかし、こうした社会的に規格化された息抜きが、「誘惑」の契機となるものを欠いているのはいうまでもありません。その契機となるのは、思いもかけぬものとの不意の出会いなのですが、それは、必ずしも未知の対象との出会いとはかぎりません。見なれた風景がみるみる視界から遠ざかり、ふと、見たこともない構図におさまってしまうといった瞬間にも、それは間違いなく起こるのです。

それは、まぎれもない一つの「変化」です。誘い、惑わす主体にとどまらず、誘われ、惑わされる客体をも「変化」させずにはおかない運動なのです。いったんそれに身をまかせ、ややあってから時間と空間をとりもどそうとするあなたは、それまでとは異なる何ものかへと変容している自分を痛みと快感とともに見いだすことになるでしょう。何かに目覚めるとは、そうした事態をいうのです。

「誘惑」とは、そのつど更新される驚きを生産しながら、変化し目覚めることへの同調をうながす大がかりな運動にほかなりません。そうした運動を誘発するいくつもの刺激の束の交錯する場こそ、大学と呼ばれる高等教育機関にほかなりません。わたくしは、あなた方を迎え入れたばかりの東京大学が、そんな刺激にみちた環境であればと願っています。ただ、それを「誘惑」としてうけとめるか否かは、あなたの感性にかかわる問題です。それにふさわしくおのれの存在を組織するための資質を、精一杯目覚めさせておいて下さい。

「闘争」への誘惑

『国公立大学ガイドブック（大学案内編）』
平成一二年度版　一九九九年四月

近代のあらゆる制度がそうであるように、いま、大学は大きな変動の一時期を通過しつつあります。あと一〇年もすれば、大学は、人びとがこれまで大学という言葉で思い浮かべてきたイメージとはおよそ異なる輪郭のもとに、社会の中でその新たな役割を発揮することになるはずです。東京大学もまた、その例外ではありません。実際、どこかしら知の権威性を思わせぬでもない時計台の「塔」のイメージは、すでに大学の象徴としては崩れ始めています。大学は、開かれた多様な知の環境でなければならない。開かれていながらも、大学の知の濃密な気配があたりに挑発的な刺激を波及させねばならない。開かれつつもなお知の濃密さを維持し、錯綜した刺激の誘発装置として機能するには、外部と内部との、そして内部をかたちづくる諸要素の、さらには既知の自分と未知の自分との不断の「闘争」が生きられねばなりません。東京大学をめざすあなたがた若い男女には、そうした「闘争」に率先して加担する覚悟ができているでしょうか。

大学とは、何よりもまず、過酷な「闘争」の場にほかなりません。その「闘争」を通して、社会と大学とは有効に干渉しあい、それぞれの潜在的な資質を顕在化するのです。ことわっておきますが、ここでいう「闘争」とは、相対的な聡明さを競い合うことではありません。それとはいっさい無縁の、絶対的な差異の生産にかかわる体験こそが「闘争」なのです。実際、異なるものとの「闘争」を欠いた知識は、どこまでも抽象的なものにとどまるほかはない。また、真の知性の名にふさわしい「闘争」をへることのない変化は、たんに時流におもねる身振りでしかないでしょう。

東京大学をめざす若い男女に必要とされるのは、こうした「闘争」への好奇心です。そうした好奇心に背を向けていると、あなたがたの若さは、相対的な年齢の低さにすぎなくなってしまうでしょう。わたくしたちがぜひとも必要としている思考の「若さ」と感性の「若さ」とが、相対的な年齢の低さでないことは、もうおわかりのはずです。一八七七年に日本で初の官立大学として誕生した東京大学は、いまでは国際的に有数な研究型大学として、科学と文化の最先端を疾駆しております。その相対的な「古さ」といささかも矛盾することのない「新しさ」をたえず生産しつづけているのも、その構成員の一人ひとりが「闘争」への苛烈な好奇心に恵まれているからなのです。その入学試験は、あなたがたをこうした「闘争」へと導く最初の儀式にほかなりません。

東京大学をめざす若い男女に

『国公立大学ガイドブック（大学案内編）』
平成一一年度版　一九九八年四月

あらゆる組織は、新鮮な思考と感性との出会いをつねに必要としています。その出会いにとりわけ敏感なのが、大学という組織にほかなりません。大学にあって、古さがいささかも新しさと矛盾しないのは、そのためなのです。

日本でもっとも古い東京大学は、同時に、日本でもっとも新しい大学たることをひたすら欲望しつつ、不断の体質改善に励んでおります。そのため、年に一度、前期日程、後期日程という二度の入学者選抜によって、組織の若さの維持と更新に貢献してくれる優れた人材を選択しているのです。その意味で、東京大学をめざそうとするあなたがたは、その若返りの実現に積極的にかかわる意志と資質に恵まれた個体であることを、身をもって証明しなければならない。わたくしたちも、それにふさわしい人材が一人でも多く東京大学をめざしてほしいと祈りつつ、選択の方法の繊細化につとめております。

その選択にあたって、わたくしたちは、正しい答えを誰よりも早く答案用紙に書きつける資質ではなく、提起された問題をめぐってくりひろげられる思考と感性との鮮やかな運動ぶりをたどりながら、持続の中に生きられた体験の質を吟味しております。入試で問われているのは、結果ではなく、過程において発揮される時間的な体験の強度にほかなりません。

あなたがたを迎え入れようとしている東京大学は、過酷な競争原理が支配する空間です。実際、競争原理の作用していない大学などとても想像することはできません。あらゆる学問体系は、それを通してみずからをたえず刷新してゆくものだからです。ただし、そこでの競争は過程において体験される時間的なできごとなので、その優劣はすぐには目に見えません。大学の知性は、その目に見えないものを顕在化させることに費やされるものなのです。卒業までに四年の歳月が必要とされるのも、それと無縁ではありません。

あなたがたは、そうした競争が、ひとまず結果が意味を持つ入学試験とはくらべものにならないほど苛酷なものであることを、あらかじめ覚悟していただきたい。大学の若さの維持と更新に大きく貢献しうるのは、その覚悟にほかなりません。それが社会の全域に伝播するとき、あなたがたの若さは、日本そのものの若さを保証することになるのです。

消費の倫理の実践を

『生協あんない』一九九九年四月一日

現代のような高度に発達した消費社会では、しばしば消費の倫理ともいうべきものが見失われがちです。そこでは、消費と浪費との区別が意識されがたくなってしまうからです。消費社会は、また、たんなる無駄遣いとしての浪費とは異なり、その使用価値とはおよそ異なるシンボル作用をおびた商品への欲望をあおりたてるのです。その誘惑に屈したとき、貨幣は、「もの」ではなくその誇大な「イメージ」とたやすく交換され、消費の倫理を知らぬ間に摩滅させてゆきます。だから、消費社会に生きる者は、何が健全な消費であり、何が「イメージ」の誘惑への敗北であるかを見きわめねばなりません。消費の倫理を支えているのは、あくまで消費者でなければならないからです。

消費者が出資者でもあるという生協は、そうした消費意識をやしない、それを実践するための願ってもない場であるはずです。清涼飲料水の自動販売機にさし入れる百円硬貨から、高価な機材の分割購入のためのクレジット・カードの使用にいたるまで、日々の大がかりな消費活動で問われているのは、まさに消費の倫理にほかなりません。

至上の媒介として空間をみたすもの

音楽部コールアカデミー第四四回定期演奏会挨拶
一九九七年一二月七日

かつて、人間の声は、天と地を結ぶ儀式的な手段として、それに耳を傾ける魂を気高い飛翔へと誘うものでありました。そのかぎりにおいて、組織化された複数の声としての合唱は、人類にとって、ながらく至上の媒介として空間をみたすものたりえていたのでありました。しかし、そうした人間の声も、複数技術が高度な発達をとげた一九世紀いらい、いまではCDからインターネットにいたるまで、もろもろのテクノロジーによって媒介されることで安易な消費の対象となり、至上の媒介性を見失いかねない状況においこまれております。その意味で、東京大学音楽部コールアカデミーの定期演奏会は、もろもろの技術的な媒介を離れ、人間の声にそなわっていた至上の媒介性に無媒介的に触れることが可能な願ってもない好機だといえましょう。団員のたゆまぬ努力と、多くの方のご指導と、聴衆の皆様の温かいご支援により、第四四回の定期演奏会が成功することを心から祈っております。

瞬間への移行

音楽部コールアカデミー第四五回定期演奏会挨拶
一九九八年一二月四日

演奏会というかたちでの日頃の成果の発表には、しばしば、純粋の音楽性とは異なる要素が介在します。その無視しえない要素の一つは、演奏していない瞬間から演奏しつつある瞬間への移行をめぐる自覚と無自覚との葛藤にほかなりません。

それは、音楽にとどまらず、あらゆる表象形式の実践につきまとう条件なのですが、人は、他者の聴覚や視覚を前にして、この二つの異なる持続の境目をいったいどのようにして跨ぎこえるのでしょうか。実際、あらゆる人が演奏せずにいる瞬間に踏み止まることができたはずなのに、いま、コールアカデミーの諸君は、演奏しつつある瞬間への移行をあえて選択しようとしている。その選択には、音楽とは本質的に無縁なもろもろの社会的な要素がかかわっており、そのことには各自がある程度まで自覚的なはずです。

にもかかわらず、その移行は、現実には、行為の主体によっては充分に自覚されぬまま、嘘のような自在さで実現されてしまう。実際、コールアカデミーの諸君は、あるとき、他者を前にして演奏しつつある自分自身を不意に見いだすことになるのです。誰もが、その新鮮な驚きにいつまでも馴れずにいてほしい。第四五回定期演奏会にあたって切望したいのは、その驚きが無限に反復されることにほかなりません。

名コックス中井正一

第四九回一橋大学・東京大学対校競漕大会
一九九七年五月一一日

今年で四九回目を迎えるという決して短くはない歴史をもつ一橋大学・東京大学対校競漕大会の開催にあたり、この競技がもっとも高度でもっとも知的なスポーツとみなされていた一九三〇年代の京都の光景が想起されます。

当時の京都帝国大学の漕艇部の名コックスだった中井正一は、のちに文学部哲学科の美学の少壮講師に任命され、その独創的な講義や刺激的な書物を通して若者たちに多くの影響を与えました。美学者中井は、やがて、戦時下の国家主義的な体制によって大学を追われ、戦後は国会図書館の副館長に着任することになるのですが、オールを操る各人の運動のなめらかな一致が達成する爽快さの分析が彼の美学の根幹に据えられており、その分析からえられた思想が名高い『委員会の論理』の着想の背後にも息づいていたことが、漕艇競技を当時のスポーツの中でも特権的なものにしていたのです。

来年で五〇回を数えることになるこの由緒ある対校競漕大会が、一橋大学と東京大学から、第二の中井正一のような独創的な逸材を何人も作り出すことを心から期待しております。

愛と矛盾

『運動会会報』四五号
一九九七年四月一日

スポーツを愛することは、あらゆる人に許された平等な権利であります。気に入った種目があるなら率先してやってみるのもいいだろうし、他人の競技ぶりを眺めてみてもよい。そうすることの自由を禁じるものは、原則として何ひとつ存在しません。その意味で、スポーツは優れて「民主的」な体験だとひとまずいうことができます。

だが、事態はそれにつきるものではありません。スポーツがきわめて「非民主的」な体験であることも、否定しがたい事実だからです。あらゆる人がスポーツに愛されているとはかぎらないのであります。実際、いったん競技が始まってしまうと、誰がスポーツに愛され、誰がスポーツに愛されていないかは一目瞭然なのです。いかにも残酷なことですが、スポーツを愛することとスポーツに愛されることとは、僥倖として、選ばれた個体のうちで、ごくまれにかさなりあうものにすぎません。

スポーツに愛されていない人が、スポーツが好きだというだけの理由で必死に演じてみせる身振りは、ほとんどの場合、目を蔽わんばかりに醜い。アマチュアであることも、それを許容する条件とは到底いえないでしょう。その醜さを何とか克服しようと必死に練習をくりかえせば、誰でも人並みの技術ぐらいは身につけることができる。だが、それでもスポーツに愛された人の演じる身振りの美しさには永遠にかなわないのです。

なるほど、理にかなった練習によってすぐれた選手が誕生しはする。だが、それは、意志の問題でもなければ、精神の問題でもありません。スポーツに愛されていながらもそのことに無自覚だった者が、何かのきっかけでその愛に目覚め、あるとき優れたスポーツ選手へと「化ける」だけなのです。トレーニングの意味は、一人の選手の内部に潜在体として眠っていたスポーツの愛を、顕在化させることにつきております。

ことのほか「民主的」なものでありながら、同時に、どこまでも「非民主的」なものであるということが、スポーツ特有の苛酷な矛盾にほかなりません。優れた選手は、その苛酷さに充分意識的でありながら、ほとんど無意識のうちにその矛盾を軽々と超えてゆきます。意識と無意識のこの葛藤を嘘のようなたやすさで解消しうる瞬間に立ち会うこと。それが勝者の快感であり、見るものの快感でしょう。運動会は、この快感を大がかりに組織する装置であってほしいと願っています。

「見られること」の体験

第三六回国立七大学総合体育大会
一九九七年六月二三日

スポーツはたんなる身体の自在な運動ではありません。それが競技であるかぎり、あくまでも「見られること」で成立する社会的な体験なのです。ルールの存在が社会性の前提となっていることはいうまでもありません。だが、それにとどまらず、ゲームが衆人環視のもとで行われるという点も、スポーツの社会性をきわだたせることになります。

選手たちの身振りは、否応なく匿名の瞳にさらされます。そのとき、他者の視線の対象となる自分に過度に意識的であってはなりませんが、それがまったく無意識であることも許されません。この微妙なバランス感覚は、ゲームを通じて選手のうちに不断に形成されてゆくものですが、それに確かな体験として蓄積されるとはかぎりません。選手たちが、人々の見守るなかでの試合を多く体験しなければならないのはそのためです。

このたび、北海道大学を主管校として開催される第三六回国立七大学総合体育大会が、多くの選手にとって、「見られること」でバランス感覚を体得する機会となることを祈らずにはおれません。

恩寵との出会い

第三七回全国国公立大学卓球大会
一九九七年八月一三日

卓球はピアノのようなスポーツです。誰もが気軽にピアノの鍵盤に触って音をだすことができるように、卓球においても、そのボールとバット（ラケットと呼ぶのが正式ならそう変えて下さい）に触れ、試合のまねごとをしてみるぐらいのことは誰にでも可能だからです。ところで、日常的な時間におけるその「気軽な可能性」と特権的な瞬間における「高度な技術の駆使」との間におそるべきへだたりが横たわっているという点でも、卓球はピアノに似ています。Virtuoso たるには、いずれにおいても恩寵ともいうべきものとの出会いが不可欠だからです。練習とは、恩寵を惹きよせるための儀式にほかなりません。恩寵と出会いそびれた者たちの音楽がそうであるように、恩寵と出会いそびれた者たちの運動もまた目を蔽わんばかりに醜い。学生であることは、いささかもその醜さに居直る特権とはなりがたいものです。第三七回の全国国公立大学卓球大会が、どこか恩寵の祭典たる気配を漂わす時空となることを祈ってやみません。

恩寵の瞬間を組織するものたちへ

淡青祭（東大応援団定期発表会）
一九九七年一一月二二日

スポーツは、たんなる身体能力の高さを競い合う競技ではありません。それは、他者の視線にさらされた個体が、運動を通して、はからずも未知の自分と出会ってしまう瞬間の美醜が問われるという、苛酷な生の体験にほかなりません。その瞬間的な美しさ（あるいは醜さ）は、選手がスポーツに愛された（または愛されなかった）ことの否定しがたい証しとして実現されます。であるが故に、そこで生死が賭けられているのでもないのに、見ている者は、ときとして胸がしめつけられるような経験をすることになるのです。応援団の任務は、そうした恩寵の瞬間を組織的に招き寄せることにつきているのかもしれません。だが、それと同時に、応援団を構成する複数の個体も、衆人環視のもとで、より良い（あるいはより悪い）自分へと変容するものだということに、自覚的でなければならないはずです。応援とは、他者の恩寵を組織しつつ、みずからにも恩寵を招き寄せざるをえないという、苛酷な生の体験にほかなりません。その二重の苛酷さをあえて選択した東京大学の若い男女に、共感をこめた遥かなエールを送ります。

矛盾を超えて

第三七回国立七大学総合体育大会
一九九八年六月二〇日

あらゆる人にそれを愛する平等な権利が保証されているという意味で、スポーツは優れて「民主的」な体験だとひとまずいうことができます。だが、あらゆる人がスポーツに愛されているわけでないこともまた明らかであり、その意味でなら、これは恐ろしいまでに「非民主的」な体験でもあるのです。

この矛盾の苛酷さから、アマチュアもプロフェッショナルも逃れることはできません。スポーツに愛されてはいない男女が、ただスポーツを愛しているというだけの理由で演じたてる身振りは、目を蔽わんばかりに醜い。それをアマチュアリズムと勘違いしてはならないのです。

「民主性」と「非民主性」とがかたちづくる解消しがたい矛盾をしなやかな身体がうけとめ、嘘のような容易さでそれを超えてみせる瞬間に、スポーツのつきぬ魅力が露呈されます。九州大学を主管校として開催される第三七回国立七大学総合体育大会が、それに選手として参加する若い男女にとって、こうした苛酷な矛盾に対する挑戦の機会になればと祈らずにはおれません。

どこまでも、優雅で楽天的な……

『東商戦五十年史』
一九九八年七月一五日

漕艇競技には、ある優雅な楽天性が漂っています。それは、マラソンやトライアスロンのように、体力の限界に無理やり挑戦するという人類の野蛮さへの郷愁がそこに徹底して欠けているからでしょうか。それとも、サーフィンやボッブスレーのように、ただひたすら滑走するのではなく、流体力学の原理とオールを操る梃子の原理とが、そこでほどよい調和を実現しているからでしょうか。

勿論、優雅な楽天性だけで競技が成立するわけではありません。競技を準備する過程には、当然、選手たちの肉体の酷使が前提とされているはずです。しかし、そうした厳しい訓練も、例えばその場で相手を昏倒させることで成立するボクシングの場合のように、あからさまな成果をめざすものではありません。また、野球のホームランや、フットボールのシュートの瞬間のように、射精という男性的な比喩に換言されがちな快感を想起させる幼児性もそなえてはおりません。漕艇は、やはり優雅で楽天的で、しかも成熟した競技なのであります。二つの力学的な原理の調和は、競技に必要な水路の長さや――これが気の遠くなるような距離でないことを祝福しましょう――緩やかなスピードの維持――これが音速に近づきえないことを心から祝福しましょう――とともに、まさにこのスポーツが学生だけにふさわしい知的な競技であることを主張しつづけているのです。

東京大学と一橋大学との対校競漕大会「東商戦」の五〇年の歴史は、まさしくこの知的な競技の歴史でもあります。ヴェネチアの街を彩る「レガタ・ストリカ」のように、これが数世紀の歴史を生きてもなお健在な競技であることを祈ってやみません。

爽快な運動感への湿った郷愁

第四九回京都大学・東京大学対校競漕大会
一九九八年七月一九日

必ずしも傑作とはいえない小津安二郎の『早春』（一九五六年）という映画に、漕艇の練習風景が出てまいります。それは、東京から地方への転勤をしいられた不運の会社員（池部良）が京都で途中下車して、大学時代の先輩（笠智衆）と久しぶりに語り合う場面なのですが、快晴の琵琶湖湖畔に腰を下ろして語り合う二人の視線は、不意に水上を滑走してゆくボートのオールの動きに引き付けられます。固定画面だけからなる小津の映画にあって、遥かな遠景を横切ってゆくこの細い船体のイメージは、その爽快な運動感で見るものを思わずはっとさせずにはおきません。職業を持ちながらも展望のない生活を余儀なくされた会社員にとって、それは、まさしく若さに恵まれたものたちの屈託のなさを象徴しているように映ったはずです。ほんの数ショットしか姿を見せないこの漕艇の練習風景を目にするとき、わたくしはいつでも京都大学を思わずにはいられません。中学しか出ていない小津安二郎の世界には、中年の男たちの職業がしばしば京都や東京の大学教授であるように、「旧帝大的」なものへの淡いあこがれが漂っているからです。だから、小津にとって、この練習風景は、京大漕艇部のものでなければならないはずなのです。『早春』の会社員よりも年齢をかさねてしまったわたくしもまた、琵琶湖の水面を滑走する細い船体の爽快な運動感に、あこがれ以上の湿った郷愁をおぼえずにはいられません。そんな思いをこめつつ、この目で立ち会うことのできない第四九回の京都大学・東京大学対校競漕大会の開催を、遥かにお祝い申しあげる次第です。

京大戦五〇周年記念大会に寄せて

第五〇回京都大学・東京大学対校競漕大会
一九九九年七月一八日

例えば中華人民共和国がその建国五〇周年を祝い、北大西洋条約機構がその創設五〇周年を祝うという年に、「東京大学・京都大学対校競漕大会」の五〇周年記念大会が催されることには、いかなる意味がこめられているのでしょうか。香港返還を実現した中国は、いまやマカオの返還を目前にしており、「一国二制度」という政策を徐々に確かなものにしています。国連の安全保障理事会の決議なしに他国の空爆に踏み切ったNATO軍は、いまやソ連ではなくなったロシア軍とユーゴ情勢をめぐって調整に入っております。

こうした昨今の事態は、この五〇年の間に、誰にも予想しがたい変化が世界各地で実現されたことをつげています。今年創立五〇周年を祝いつつある日本の新制大学も、戦前から存在していながら一九四九年に新たな発想のもとに再発足したいわゆる「旧帝大」系の大学も、その間、大きな変化を体験してきました。現在では、国立大学の設置形態そのものをめぐる議論さえ盛んに行われております。両大学の対校の競漕競技は、そうした世界の激しい変化と、どのように折り合いをつけるものなのでしょうか。

素人のわたくしには、ボート競技における変化（あるいは進歩）というものが容易に想像できません。それが、旧制第一高等学校、第三高等学校時代の競技と異なっているか否かの判断も、わたくしの理解をこえております。ことによると、変化しないことこそが、この優雅なスポーツの特権なのかもしれません。だが、オールを握る若者たちの精神と肉体とは、この五〇年で明らかに変わっているはずです。東大と京大の対校競漕大会五〇周年記念が、選手たちに、その新たな感性を存分に発揮する機会となればと祈らずにはおれません。

禁止と拘束を超えて

『運動会会報』四七号
一九九九年四月一日

スポーツには決まってルールが存在しており、その共有を前提とする者たちだけに競技参加の権利が与えられます。その意味で、あらゆる運動競技は、優れて「社会的」な振る舞いだといえるでしょう。それは、身体を駆使したコミュニケーションの一形態にほかならず、試合が続くかぎり、そのネットワークは維持されねばなりません。コミュニケーションを断ち切るような野蛮な身振りは、原則としてルールによって拘束されます。スポーツが「自然」ではなく、あくまで「文化的」な体験だというのは、そうした理由によります。

ルールとは、いうまでもなく禁止と拘束の体系にほかならず、スポーツにおいて完璧な自由は許されないのは当然です。だから、運動競技において問われることになるのは、恵まれた身体能力の絶対的な顕在化ではなく、ほどよく儀式化された相対的な優劣ということになるでしょう。そうすることで、誰もが納得するゲームが成立するのです。個人的な技術を洗練したり、集団的な戦術を鍛えあげることが意味を持つのも、その限りにおいてなのです。

おそらく、運動競技のつきぬ魅力も、またその限界も、そこにあるというべきでしょう。技術や戦術があくまでルールにふさわしいものであることはいうまでもないことだからです。

にもかかわらず、ゲームにあっては、禁止と拘束の体系であったはずのルールが、あたかも自由と解放の体系であるかのように機能してしまう瞬間が訪れます。それこそスポーツの爽快さにほかなりません。そのとき、あらゆるものに共有されていたはずの前提は嘘のように視界から一掃され、裸の運動だけが稲妻のように競技場を走りぬけるのです。卓越した運動選手は、それまでのゲームの流れが、その一瞬を準備するために組織されていたとしか思えぬ身振りで見る者を驚かせてくれるのです。ゲームで光る選手とはそうした存在をいいます。コミュニケーションの義務的な維持にすぎないゲームの退屈さもそこにあります。ほどよく「文化的」に「社会化」された振る舞いを軽々と超えてしまう運動を体験するために、すべてのスポーツは演じられねばならないのです。

苛酷な矛盾への挑戦

第三八回国立七大学総合体育大会
一九九九年六月二四日

ことスポーツに関する限り、参加することに意義があるなどといった根も葉もない世迷いごとに、断じて騙されてはなりません。あえて競技に参加するなら、その意義は、ひとえに勝利することにあるからです。いったんゲームが始まったなら、完膚無きまでに敵を蹴散らし、これを再起不能に陥らせねばなりません。そのために、精神と肉体の限りをつくすこと。それを除いてスポーツの意義などあろうはずもありません。

とはいえ、勝利が高度に意義深く、ことのほか貴重な体験だから、相手をたたきのめせというのではありません。実際、たかがスポーツの勝ち負けごときに、深い意義などあろうはずもない。にもかかわらず、あるいは、むしろであるが故に、自分がその成立に加担するゲームには断固として勝たねばならない。スポーツすることの意義は、その解消しがたい矛盾にとことん耐えてみせることにあるはずです。

このたび、大阪大学を主管校として開催される第三八回国立七大学総合体育大会に参加する若い男女は、この苛酷な矛盾に真っ向から挑戦するという願ってもない特権に恵まれています。ただ闇雲に勝利をおさめることの意義なき不条理を身をもって体験しうるあなたがたの幸運を、心から祝福したいと思います。

可視性と不可視性の彼方へ

淡青祭
一九九八年一一月二〇日

応援団にとっての真の敵は、いったい誰なのでしょうか。味方の選手たちと勝利を争っている相手の選手たちでしょうか。それとも、彼らに精一杯の声援を送っている相手方の応援団なのでしょうか。

どうやら、事態はそれほど単純なものではないようです。華麗に組織化された応援団の団員たちが真の意味で拮抗しなければならないのは、いま目の前で演じられているしなやかな運動に呼吸や脈拍で同調しようと念じながら、せりあがってくる感動を胸もとでふとおし殺さずにはいられない観戦者たちの孤独な振る舞いの威力なのです。しめしあわせていたわけでもないこの人たちが思わず息をのみ、ふと拳を握りしめてしまうときの気配が客席にみなぎるとき、それは、われを忘れた応援歌の斉唱にもおとらぬ興奮を煽りたてずにはおきません。だから、応援団の団員一人ひとりが演じる身振りや声援は、その興奮を意図的に組織しなければならないという苛酷な運命を背負っていることになるのです。

あらゆる競技場には、身振りや声援として集団的に可視化された応援と、声援としても身振りとしても視覚化されることのない孤独な応援とが、たえずせめぎあっております。応援団の団員としての若い男女たちは、まず、この可視性と不可視性の葛藤に勝利することをめざして努力をかさねねばなりません。

屈辱の歴史を超えて

東京大学野球部一誠会会報
一九九八年一〇月五日

ただいまご紹介いただきました総長の蓮實でございます。東大野球部の先輩の皆様方、そして現役の諸君の前でご挨拶させていただくのは大変光栄でございます。

わたくしは文弱の輩ではございますけれど、野球とサッカーは好きでございまして、東大野球部の試合も昭和二三年くらいからよく見ておりました。最初に覚えましたのが瀬川という名前で、この方が駿足でディレードスチールをしては失敗なさる方だったという記憶がありあます。一・二塁間で憤死というところが鮮明に残っておりまして、その名前をおぼえてしまった訳でございますが、この方はのちにほかの方面でもいろいろご活躍なさったというふうに伺っております。

なぜか東大野球部の記憶というと失敗の記憶と結びついておりまして、先程屈辱的なシーズンというお話がございましたが、わたくしにとっては東大野球部の歴史は屈辱と共に始まり、それがいまなお続いているというような状況にあります。

今ではそのようなことはないのですが、六大学の野球が後楽園球場で行われていた時期というのがございまして、両山崎という、すごい方がおられまして、しかし山崎Aが打ち込まれてセンターから山崎Bが来られ、そしてそれも打ち込まれてというような残念な記憶がたくさん残っております。

また先程お目にかからせていただいた訳でございますけれども、加賀山先輩の記録に残る何かというのも、わたくしはこの目で見ておりまして、お若い方はおわかりないと思いますけど、大変残念な負け方をした記憶など、わたくしは鮮明に覚えております。

それからあとはわたくしの学生時代になるわけですが、これは長嶋時代でございまして、わたくしはサード側に陣取りまして、長嶋に呪いをかけ、「あの山猿！」といいながら見ておった訳でございましたが、さすがにこれはうまいものでございました。

しかし東大にもその頃、天才的な投手が一人おられまして、何故かその方が投げられると、長嶋も時々打たないというケースがありまして、これは吉田投手という方でございましたけれど、しかしその頃はなぜかわたくしは立教の本屋敷という選手を、敵軍ではございますけれど、贔屓にしておりまして、東大が時々勝ったりしてもあまり喜ばず、本屋敷をなぜか応援していたという記憶がございます。

つい最近のことでございますが、この四月に当番校ということで、河野部長という、こわい方がいらっしゃいまして、あの方が神宮に出ろということで、わたくしも決してきらいではないので、始球式をさせていただきました。始球式そのものは大変な暴投となった訳でございましたが、その前に選手の方々にお目にかかれたのが大変嬉しい記憶として残っております。

わたくしはどちらかといいますとデタラメをいいますので、諸君らは今日は知性で勝つのだというようなことを、つい言ってしまったという記憶がございます。わたくしはあの時の遠藤投手の投球は、あと何年生きるかわかりませんが、その球筋のようなものは、これまで申し上げた何人かの名選手の方々の球筋、あるいは打球のゆくえと同じようによくおぼえていると思います。

必ずしもたえず一位になったりしている訳でもない東京大学は、今後その野球をどのように展開すべきかということでございますが、これはわたくしが悩んでも仕方がないことで、勝つ時は勝つのだという野球をぜひして頂きたいと思います。惜敗はやはり負けですから、惜敗して東大はなかなかよくやったというような試合ではなく、勝つ時は集中して全員で勝ってしまうというような方向で、ぜひ今後もやっていただきたいと思います。

たまたまわたくしが拝見した試合は勝ったのですが、しかし行けば勝つというものでもなかろうというので二の足を踏んでおります。又次回もぜひ一度は見せていただき、再び勝つという瞬間に立ち会わせていただきたいものだと、心から念じておりますので、現役の諸君、どうぞよろしくお願いします。

どうもありがとうございました。

エディプス・コンプレックス

第四八回京都大学・東京大学対校競漕大会
一九九七年五月

第四八回の京都大学・東京大学対校競漕大会の開催を心から祝福いたします。だが、それを祝福すべきわたくしの立場は、実はきわめて微妙なものだといわねばなりません。この種の祝辞で個人的な記憶に言及するのはきわめてはしたない振る舞いではありますが、わたくしには、東大入学とともに、必ずメルボルンのオリンピックにつれていってやるからという漕艇部からの強力な勧誘を固辞した記憶があるからであります。比較的頑丈な体格をもっていたわたくしが日々の執拗な勧誘を拒絶しつづけた理由は、父親に対する若者の無邪気な反抗であります。しかも、その父親は（はたして漕艇部に所属していたか否かは定かではありませんが）、京大在学中に、後の京大文学部講師中井正一をコックスとしてボートを漕いでいたという青春時代をつねに忘れ難い思い出として想起しておりました。そのことによって、わたくしの内部では、無意識のうちにボートは否定されました。したがって、精神分析的にいうなら、わたくしは、京大と東大における漕艇競技というイメージそのものを、ともに「父親」の権威として「抹殺」することで成長した子供として定義されうる人間ということになります。そのわたくしが書き記す祝辞には、まさに、エディプス・コンプレックスが露呈せざるをえないでしょう。総長という「権威」ある立場もまた、オールを握る両大学の若い選手諸君から、「父親」として「抹殺」さるべき存在だからであります。

運動することの知性を

『運動会会報』四六号
一九九八年四月一日

運動は「生」の本質的な資質です。事実、変化することを忘れてひたすら凝固してゆくものは、限りなく「死」に接近してゆくほかはないでしょう。精神であれ肉体であれ、そのことに変わりはありません。動くことは、そのままわれわれの「生」の根拠を肯定する身振りとなるはずです。その意味で、動くことを知らない思考は、動くことを知らない組織と同様、それじたい「死」を内蔵しているというべきでしょう。

では、運動としてのスポーツは、そのすべてが「死」の否認だといいうるでしょうか。われわれは、存在の最終的な凝固形態としての「死」から限りなく遠くあろうとして、スポーツにはげむのでしょうか。事態はそう単純ではありません。「生」は、たんに「死」の対極にあるものではないからです。精神分析の理論によるまでもなく、あらゆる無意識は「死」への衝動を隠し持っており、それを意識的に否定しようとすればするほど、その衝動の普遍性が確かなものとなるからです。

そこで、われわれは冒頭の言葉を言い直さねばなりません。運動が「生」の本質的な資質であるのは、それが、無意識の領域における「死」の衝動を肯定するものでもあるからにほかならないのです。それは、もちろん、スポーツがときに危険をともなう振る舞いだということをいささかも意味してはおりません。運動しつつ変化するということは、いくぶんか自分でなくなることを含意しており、それは、そのつど「死」と隣合わせにあることでしか体験しえないものだからなのです。

そのとき、運動することの「知性」という問題が浮上します。それは、スポーツが無自覚な「生」の肯定としてあるのではなく、優れた身体的なパフォーマンスが、どこかで必然的に運動の瞬間的な停止につながるのだということを察知する能力にほかなりません。東京大学の運動会が、そうした「知性」をはぐくむ場であってほしいと願わずにはおれません。

V

視線の論理・視線の倫理

小津安二郎――日本映画の海外の評価

文京区生涯学習推進講演会
――大学学長による連続講演会
一九九九年一月九日（文京シビックセンター）

世界の映画人が好む日本の映画――黒澤より評価の高い成瀬、小津

ただいまご紹介にあずかりました蓮實でございます。教育長のほうから聴衆の皆さま方が楽しみにしているというお話がございましたが、実はこの日を楽しみにしていたのはわたくしでございます。皆さま方ご承知かどうかわかりませんが、東大総長という立場はもはや東大の教授ではありません。総長と申しますのはアドミニストレーションの長でありまして、教育・研究をしてはいけない、という非常に悲しい職でございます。したがいまして、大学の授業もしてはいけない。多くの場合、海外の学会などに行って発表しても、それだけではなかなか許可がおりない。ですから、学会に行きたいときは口実をつくって、その学会の総長に会うというのが正式の渡航目的になり、学会は副という形になってまいります。したがいまして、わたくしはここ一年数ヵ月授業をしたことがございません。久方ぶりに授業に似

たものができるということで、わたくしは昨晩ほとんど寝られないという興奮状態でございました。ですから、ここで授業に似たことをさせていただきたいと思いますが、わたくしはどちらかといいますと学生を犠牲にしても授業をするというタイプの人間でございます。学生が望んだことよりは、彼らが望んでいないことを彼らとともに考えるという立場に立っておりますので、多くの場合、学生は犠牲となります。したがいまして、今日おいでになった皆さま方もわたくしの犠牲になる覚悟をしていただきたいということでございます。

そこで、最初の犠牲者を何らかの形でつくらせていただきたいと思います。これからアトランダムに二〇本ほどの日本映画の題名をあげさせていただきます。このなかで一本もその映画をご存じない方は犠牲になっていただく、という形でございます。アトランダムと申し上げましたけれども、アトランダムではなくて、あるリストのなかから選んだ日本映画の題名です。そのなかでどのくらいご覧になったことがあるのか、ということをちょっとご自分のなかでもお考えいただきたいと思います。まず最初が成瀬巳喜男監督の『稲妻』。これをご覧になった方おられるでしょうか。高峰秀子が出ておりまして、大変すばらしい映画です。それから溝口健二の『雨月物語』をご覧いただいた方はどのくらいおられますでしょうか。半分に満たない感じで、わたくしは非常に不満であります。世界の傑作ですから、これはぜひご覧いただかないといけない。三番目は山本嘉次郎の『馬』をご覧になった方はどのくらいおられますでしょうか。若干おられますね。これは高峰秀子のまだ子役時代に黒澤明監督が助監督を務めた映画で、日本が戦時中馬の増産計画をいたしまして、ある程度軍国主義とはかかわっていた次第でございますけれども、馬が走ることだけで映画がその力を発揮する、という大変すばらしい映画です。次が成瀬巳喜男監督の『晩菊』はどうでしょうか。何人かいらっしゃいますね。これも杉村春子主演という、日本映画では前代未聞の、いわば中年の女性が主役をいたしまして、海外でももっとも評価の高い映画の一本でございます。小津安二郎の『東京物語』はご存じだと思いますが、これをご覧になった方はどのくらいおられますでしょうか。これもかなり多いほうですね。いまで五本あげさせていただきましたけれども、一本もご覧になっていらっしゃらない方おられましょうか。……はい。勇気を持って手をあげていただきましたけれども、後ほど何かの形で絡ませていただくかもしれません。

それでは六番目、勅使河原宏『砂の女』はいかがでしょうか。これはけっこう見ていらっしゃいますね。それでは市川崑『ビルマの竪琴』。これもけっこう見ていらっしゃいますね。実は市川崑の『ビルマの竪琴』は二度撮っておりまして、最初は一九五〇年代の黒白映画でございますが、そのあと色彩映画でもう一度撮り直したということでございます。鈴木清順監督の『東京流れ者』。これもすばらしい映画ですが、あまりご覧になっていらっしゃらない。亀井文夫の『戦ふ兵隊』。これはある種の記録映画でございます。亀井文夫監督はどちらかというと左翼系の監督ですけれども、これが中国に行きまして兵隊の行進その他をドキュメンタリーとして撮ったものです。そして本来であれば兵隊というのは非常に力強い存在でありながら、何か疲れ果てた兵隊を描いてしまったということで有名で、これもなかなかすばらしい映画です。小津安二郎の『晩春』。これは見ておられますね。顔のサインをしていただければ大体雰囲気がわかりますので、今後は手を上げていただかなくてもけっこうです。『浪華悲歌《えれじい》』は一九三六年の溝口健二監督の傑作でございます。山田五十鈴の出世作と言ってもいいかもしれない、すばらしい映画でございます。小津安二郎の『お早よう』。これはうなずいていらっしゃる方もおられますね。そして大島渚の『少年』。見ていらっしゃいますね。それから溝口健二監督『山椒大夫』、これもずい分ご覧になった方おられると思います。香川京子の代表作の一つと思われます。

これで一四本あげさせていただきました。そのあと、小栗康平『死の棘』。これはあまりご覧になっていらっしゃらない。カンヌ映画祭でグランプリを獲ったすばらしい作品です。最近のものになると比較的ご覧になっておられないようです。一六本目として山中貞雄の『人情紙風船』。これはやはり日本映画の大傑作の一つで、ビデオは出ております。いまはビデオでしかほとんど見られませんが、ご覧いただきたいと思います。黒澤明の『七人の侍』、これは多分かなりの方がご覧になっていらっしゃると思います。小津安二郎監督の『秋刀魚の味』、これもご覧になったと思います。これでやめておきますが、黒澤明監督の『蜘蛛巣城』。これもご覧になっていらっしゃいますね。

先ほどアトランダムというふうに申し上げましたけれども、これは一九九五年の映画誕生一〇〇年にあたりまして、私が山根貞男さんという映画評論家の方と一緒に、世界の一〇〇人の映画の専門家たちに「あなたはどの日本映画が心から一番好きですか」ということを伺ったときの世界の映画人たちのお答えであります。

たとえば成瀬巳喜男監督の『稲妻』という映画が好きだと言ったのは、ジャン＝ピエール・リモザンというフランスの映画監督で、最近『TOKYO EYES』という大変おもしろい映画を撮った監督でございます。これは答えの到着順にあがっておりますので、まったくヒエラルキーのない順序でございます。

どんな映画が多かったかというと、まず作品で言いますと、成瀬巳喜男監督の作品が非常に多いということです。また小津安二郎監督の作品が非常に多い。溝口健二監督の作品もやはり非常に多い。黒澤明監督の作品は『蜘蛛巣城』と『七人の侍』が二本出ておりましたが、黒澤明監督の名前は思ったほどない。それに比べて、皆さま方がほとんど見ておられない、九〇年にカンヌでグランプリを獲った小栗康平監督の『死の棘』が一番好きだ、と言う世界の人たちがいるわけです。

そこから言えることは二つあります。黒澤明の名前は意外に少ないと言いましたが、黒澤明監督は有名な監督で、皆さま名前は知っているけれども、これをもっとも評価すると考えておられる方が世界に多くいるわけではないということです。有名であることが高い評価につながるわけではない、これがまず一点かと思います。有名であることはやはり利用価値がある問題でございます。わたくしもあまり慣れない土地に行ってレストランなどを予約しなければいけないときに、電話口でわたくしの名前をハスミと言っても相手はなかなか理解してくれません。そこでアトランダムに映画人の知られている名前をあげる。一時はミフネと言ったら、レストランは「はい、ミフネさんですね」と何語でも答えてくれました。また、「クロサワ」という名前を使ってレストランを予約いたしますと、これもまったく簡単に取れるわけです。ところが、イタリア人もフランス人もハスミのHの音を発音できません。ですから、ハスミという名前をそのまま言いますとどうしても書いてもらえません。せいぜいそれを読みますと、彼らはわたくしの名前をアジュミと言うわけです。わたくしの名前をそのとおりにスペルしても通じません。空港からレストランあるいはホテルなどに予約する場合、クロサワと言うと「クロサワさん、よくいらっしゃいました」ということで、ホテルでもレストランでもやってくれる。クロサワの名前の利用価値は非常に高いので、本当の名前が必要でないときは、皆さま方もお使いになってみてはいかがでしょうか。

これはクロサワという名前が有名であるということです。去年、黒澤さんが亡くなりましたときに、「世界のクロサワ、世界のクロサワ」と言われて、それは間違いないし、皆さん非常によくご存じの名前ではありますが、いま申し上げましたように、二〇本のなかに大体二本くらいしか入っていない。これは世界の一〇〇人の方に伺いました。実は二〇〇人くらいにファックスを送りましたら、一二〇いくつの答えが返ってきたということですけれども、この一〇〇人の方はここにおられる皆さま方よりも日本映画について非常によくご存じであるわけです。一〇〇人の方はいろいろなものをあげて、なかには北野武監督を一番好きだという人が三人おられました。

レトロスペクティヴによる日本映画の発見——市場原理を超えて

それでは、彼らはどういうところで見ているのだろうか。いろいろなケースがございますが、どんな場合に彼らが日本映画を見るか、ということを若干考えておかないといけません。なぜ、どんなふうに彼らは見たのだろうか。一つは、一般公開という普通の形でございます。ただし、日本映画はそう簡単には一般公開されておりません。もちろん、アメリカでいいますと最近の日本映画では『Shall we ダンス?』が一般公開されて、かなり人を集めております。伊丹十三監督の映画もアメリカで何本か一般公開されておりますし、北野武監督の『HANA-BI』も一般公開されるという方向でいま動いております。しかし、いまあげた数本の映画しか一般公開されておらず、おそらく人びとはそれとは違った形で彼らの映画を見ているということになります。一般公開の例は非常に少ないということです。

それでは彼らはどういうケースで日本映画を見ているのか、ほかにどういう可能性があるか、ということです。大きく言って、三つの可能性があります。その一つの可能性は、最近非常によく行われているレトロスペクティヴ retrospective というものであります。これは普通、レトロと簡単に言っておりまして、懐古上映ということになります。ある作家の作品を集中的に十数本あげまして、それを映画祭で上映する。映画祭の一つの大きな柱はコンペティション（コンクール作品）です。すぐれた作品のどれを一位にするか、二位にするか、ということです。もう一つのパラレルなものとして、レトロスペクティヴというものが必ず行われております。そこで、いま申し上げたような何人かの映画作家がすでにレトロスペクティヴという形で特殊上映され、それが評判がいいと世界を回るということになっておりま す。その例をいくつかご覧にいれます。

最近のレトロスペクティヴのなかでもっとも大きな反響を呼んだのは、一九九八年の九月、スペインのサン・セバスチャン映画祭で成瀬巳喜男監督の作品が三九本上映されております。三九本というと、現存するものほとんど、ということになります。サン・セバスチャンはフランス国境近くの大西洋岸の風光明媚な小さな漁港でございます。ここに、一方ではコンペティション部分がございまして、もう一方ではレトロスペクティヴというのが行われ、成瀬巳喜男監督の作品が三九本上映された。したがいまして、アメリカからも何人か参加者がありましたけれども、その方々は成瀬巳喜男の作品を見るためにシカゴから飛行機に乗って、何度か乗り換えてあそこまで行くわけです。映画を見るためには肉体を動かさないといけない。シカゴで寝ていたのではだめで、シカゴから飛行機に乗って、一晩機内で過ごしてサン・セバスチャンに行くとこの映画が見られる、という形になります。このようにして世界の人びとが日本映画を見ているわけです。小津のレトロスペクティヴは、一一月の下旬までスペインのマドリッドで行われておりました。今年一月に入って、小津のレトロスペクティヴは現在モスクワの映画博物館で行われております。小津の『晩春』が一番好きな日本映画であると答えてくださったのは、モスクワの映画博物館館長のナウム・クレイマンさんという人です。この方にとって、小津の『晩春』がもっとも好きな日本映画であるということです。世界はこうしたレトロスペクティヴを通して日本映画を発見していく。必ずしも一般公開された映画を見ているわけではありません。

二番目に、どのような形で日本映画を見ているかといいますと、ごく普通にプログラムされているけれども、それは商業的な映画館ではないというので、日本でいうところのフィルムセンター、一般的な言い方をするとシネマテーク Cinémathèque（スペイン語 Filmoteca）というのがございます。テーク（テカ）というのはディスコテークというようなもので物を集めるところで、そこに映画がたくさん集まっている、そこで上映施設があるということです。シネマテークは世界の各国にありまして、定期的に手元にあるものを上映する。たとえば何月何日には小津の映画が上映される、何月何日には誰の映画が上映されるというような形で、世界の方々は日本映画を発見していくわけです。

三番目は、みずから日本に出向いてこられて、これこれの映画を見たいと言って、それをしかるべきところで試写してもらうという形です。大体、カンヌ映画祭あたりから始まりまして、一二月くらいまで世界各国に映画祭がございます。世界の映画祭のディレクターたちは新しい日本映画を見なければいけない。彼らはどれをセレクションしようかというときに、試写室に行って新しい日本映画を上映させるということですから、これはある種の権力のある人でないとできない。私はフェスティバルのディレクターである、最近の日本映画を上映してほしいと言われると、こちらで一〇本か一五本選びます。それを彼らは四、五日かけて、大体いまごろから見始めております。年度でいうとわかりませんが、もっとも早いのがロッテルダム映画祭で、これは大体一月の下旬に行われます。そうするとロッテルダム映画祭の人は大体一一月か一二月に来て、それを見ていくわけです。そのあとに有名なベルリン映画祭が二月にありまして、その人たちももう来て、ほぼセレクションを終わっております。したがって、三番目はプロフェッショナルな人たちが試写をさせる、特別なスクリーニングをしてもらうという形です。皆さま方がたまたまパリに行って、パリのシネマテークでこの映画を見たいから試写してくれと言っても、まずだめです。しかるべき必要性があって、例えば私は小津の映画を研究しているが、日本に行って小津関係の映画を見たいという人がしかるべき申し出をすれば、その方は小津の映画を試写してもらうことができるということで、プロフェッショナルな方々に対する試写が行われる。日本映画は大体その三つの形で世界の人びとによって見られていることになります。

よく、すぐれたものはすべて市場原理に任せればいい、ということを言う人がおられますが、市場原理に任せていると日本映画は世界の人たちから見られなくなってしまいます。市場原理とは違った形での、ある種の見せ方を研究していかないといけない。レトロスペクティヴも市場原理とは別のものでございます。ある文化的な政策がないとやっていくことができない。二番目のシネマテークというのは日本にもありまして、京橋のフィルムセンターは非常に安い値段で映画を見ることができます。京橋のフィルムセンターは京橋の駅前にございまして、三百いくらだったと思いますけれども、そこで定期的に映画を上映しております。ぜひ、おいでいただきたいと思います。インターネットで見れば場所等々はすぐわかります。お年寄りの方はインターネットになれておられないとすれば、お孫さんなり知人なりを使ってフィルムセンターを探していただいて、いま何を上映しているかというのを調べたうえで、ぜひ見ていただきたいと思います。これも市場原理とは別のものでございます。第三のものは試写ということですが、しかるべき目的を持った人が来れば試写をしましょうということで、これも市場原理とはまったく別のものでございます。

映画という、ある時期「大衆娯楽」といわれていたものは、市場原理だけに頼っているとほとんどわれわれの目に触れなくなってしまうケースがありますので、どうしてもそれとは違う文化政策が必要になってくる。その文化政策を行う人は日本人とは限りません。ぜひ、この映画作家のレトロスペクティヴをしたいと思いつく人が外国にいないといけない。そのような人に思いつかせるのがわれわれの役目であります。わたくしは昔から、これから映画祭のディレクターになるような人たちをほとんどだまくらかしまして、こういう映画を見なければいけない、ああいう映画を見なければいけないと、いわば暗示をかけてまいりました。その暗示をかける年月がほぼ三〇年続きますと、これは成功するわけです。もちろん暗示をかけても、彼らはつまらないと思ったらやりません。成瀬巳喜男を三九本やりたいなどと言いだす人は本当にまれなんですが、そのときこんなに厚いカタログができております。これを蓮實、おまえやってくれないかという人がディレクターだったわけで、その人の洗脳に三〇年かけて成功した、ということになっております。だれに頼まれたわけでもないのに、洗脳生活をしているわたくしは若干気が引けるわけですが、マインドコントロールをしないと世界の人は日本に興味を持ってくれません。

同時に、彼らは日本映画だから成瀬巳喜男監督の映画をやるわけではなくて、本当におもしろい映画だと思うからやるわけです。成瀬巳喜男監督の作品は世界のだれが見てもすばらしい映画であります。ですから、これは洗脳の結果というものではありませんけれども、ある種の洗脳といいますか、われわれのプロパガンダが必要になってくる作家たちがおります。先ほどちょっとあげましたけれども、鈴木清順監督はやはり非常にすばらしい監督です。この人の作品はまず外国人に見せないといけないというので、一九六〇年代の終わりに来た若い外国人たちにぜひ見るように勧めておりました。その若い外国人の何人かが映画祭のディレクターになると、『日本B級映画の巨匠・鈴木清順』という本を出してしまいました。これはロッテルダム映画祭で行われたものでございますけれども、「鈴木清順特集」というのをやってしまいます。日本の皆さま方はあまりご覧になっていなかったわけですけれども、このようなことをやってしまうのがヨーロッパあるいはアメリカの青年たちのなかにいるということです。これは洗脳の成果でございます。最初はこれ本当におもしろいのと言うから、もう一本見てみなさいと言うと、だんだんはまっていく。これを見るのは実にスリリングでございます。ごく普通の金髪碧眼の青年がはじめて鈴木清順という奇妙な監督の映画を見ると、大体首をかしげるのですが、三本目四本目まで見ると、「うん、これはすごい」と言い始める。そして一〇本見ると、「おれが映画祭のディレクターになったら、このレトロスペクティヴを絶対やるよ」と言いだし、そしてディレクターになって少し自分の力が安定してくると、こういうものを本当にやってしまうわけです。このときは鈴木清順の映画を一五本上映いたしました。

それから先ほどのなかには出てまいりませんでしたけれども、日本には非常にすぐれた監督として加藤泰監督という人がおられます。加藤泰の映画はどのくらいご覧になった方がおられましょうか。これもほとんどおられません。一九六五年の『明治侠客伝・三代目襲名』という映画などは非常に有名でございます。いまは名前が変わってしまいましたけれども、某歌舞伎役者と結婚した某女優がやくざ映画を撮っていた時代の映画でございます。これもやはり洗脳した結果、おととしのロカルノ映画祭とトリノ映画祭で彼の映画を一二本上映するというので、小さいものですけれども、こういうパンフレットができております。これはイタリア語だけでできておりますけれども、いったんこのようなパンフレットができますと世界中に散らばっていくわけです。そしてあんなことをやっている人たちがいるというので違う土地の人が、じゃ、うちでもやってみようかということになっております。

したがいまして、あの三つのなかで一番重要なのは、このレトロスペクティヴというものをどのようにしていくかということです。小津はいまモスクワでやっておりまして、再来週わたくしはモスクワに行ってモスクワ市民を洗脳してこようと思っておりますけれども、モスクワに行くまでに世界各地を回っておりまして、すでに何冊かの本が出ております。ところが、レトロスペクティヴはいわゆる日本の古典的な作家たちだけをやっていてもいけないというので、一九九五年に日本の現代の映画作家の作品もやろうということになりました。現代の映画作家でもっとも重要な監督は何といっても北野武監督です。ビートたけしという名前でつまらぬ芸をテレビで披露しておりますけれども、あれは仮の姿でございまして、彼は本当にすぐれた映画作家でございます。北野武監督の映画はどのくらいご覧になっておりましょうか。あまりご覧になっていないようですが、いま世界でもっとも求められている監督の一人で、おととしのヴェネツィア映画祭で『ＨＡＮＡ－ＢＩ』という映画でグランプリを獲ってしまいました。

日本映画は死んだ？

何か漠然としたお考えで、どうも最近の日本映画はよくないというような考えを持っていらっしゃる方が多いのですが、これは科学的にそうではないということは簡単に証明できます。科学的にと申しますのは単に数字を使って、ということだけですけれども、現在ハリウッド映画に対して世界の映画産業のなかで日本の映画産業はもっとも多いシェアを持っているわけです。このことの意味をお考えいただきたいと思います。つまり、世界はほとんどハリウッド映画に征服されてしまったと普通言われておりますけれども、実は日本の映画産業は日本映画でほぼ三六％のシェアを得ているわけです。三六％の数字、半分もないのかというふうに驚く方がおられるかもしれませんが、自国映画のシェアを三六％持っている国は世界にはない。日本の映画産業に対する国家の援助は微々たるものです。フランスは映画で何とか世界を征服しようとして、国家援助等をたくさんやっております。フランスは全予算の一％を文化予算にあてておりまして、フランス映画を振興するために政府のたくさんのお金が流れ込んでおります。それでもフランス映画はフランス国内の市場で三三％のシェアしか持っていない。日本のシェアが三六％というのは断トツであります。もちろん、ロシアでも一番見られている映画はハリウッド映画です。ロシア映画はほとんど崩壊してしまった。中国でもみんなが見たがっている映画はアメリカ映画であります。ほとんどの人が見ている映画は『タイタニック』です。中国に行っても、『タイタニック』の広告がいたるところに出ておりまして、中国でも大ヒットする。もちろん、日本でも『タイタニック』は大ヒットしたわけですけれども、しかし自国の映画産業が三六％ものシェアを持っている国は世界にはない。一体、どうしたら日本ほどいい映画産業を育成することができるだろうかと、諸外国が考え始めているわけです。イタリア映画は非常にすぐれた作品をつくっていて、映画産業としても確立した国だとお思いだと思いますが、イタリアにおけるイタリア映画のシェアは二〇％を切っております。残りはほとんどがアメリカ映画という状態です。それに比べると、日本はもっとも効果的に日本映画のシェアを持ち上げている。日本映画はいま世界のほかの映画に比べて産業的にもっとも充実しているわけです。うそだという気がしないわけでもない。わたくしもうそだろうと思うんですが、数字が証明しているわけです。ですから、日本映画は昔に比べて決して悪くなっておりませんし、そろそろ上映される黒沢清の映画は日本映画としてではなくて、世界でもすぐれた映画として迎えられます。黒沢清というのは四〇歳くらいの監督で、彼の映画は去年公開されて非常によかったわけです。この黒沢清監督の映画をご覧になった方はおられますでしょう。何人か見ておられますが、何をご覧になりましたでしょうか。（「『ＣＵＲＥ』です」）『ＣＵＲＥ』は世界的にも非常に評価されたすばらしい映画です。『ニンゲン合格』というのが一月何日、来週くらいに封切られますが、諸外国からジャーナリストが参りますと、彼らはまず最初に「北野武監督の新作を見たい。

二番目に黒沢清監督の新作を見たい」と言います。

そういうことから何が言えるかといいますと、世界のジャーナリズムは日本の大部分の方々よりも日本映画のことをよく知っているということです。諸外国のそれぞれの国の一流紙に大きな欄を取りまして、それらを見た感想をすぐれた記事にしてまいります。世界の人たちでも日本映画の専門家というのは大体だめです。日本映画のことしか知らない、というのはろくな人はいません。数人名前をあげてもいいんですが、あえて言いません。どの国でもいい、おもしろい映画を見たいという人たちは、そのなかで的確にすぐれた日本映画を選んでいくということです。そのような日本映画のなかにいまあげた北野武監督の新作——これはまだ題名が決まっていない。ことによると『菊次郎の夏』ということになりそうです——とか、あるいは黒沢清監督の『ニンゲン合格』という映画は大変おもしろい映画ですから、ぜひ見ていただきたいと思います。

わたくしが映画を専門に研究していると言うと、大体「私も若いころはよく映画を見たんですけどね」とおっしゃる方が多いわけです。わたくしはつっけんどんに、「それがどうした」といつも答えているわけです。なぜいま見ないのか、ということの方をするどく追及する人間でして、昔見たということで許されてしまうような世界があるようですが、日本映画も世界の映画もおもしろいものが刻々出ているということです。しかし、それに関してどうも日本のジャーナリズムは非常に低調でございますので、自国の映画が三六％ものシェアを誇っていることを言わずに、新聞には映画は死んだとか、そんな話ばかりになってまいります。これは大変困ったことだと思います。

いまのような前提のなかで、黒澤明監督の位置というのは大体おわかりいただいたと思います。有名であるけれども、必ずしも高い評価をされているわけではない。名前は知られている。一人あげると言ったら、クロサワの名前をあげるかもしれない。しかし、じゃあなたが本当に好きな一本をあげてくださいというと、クロサワの名前はなかなかあげない。これは最初申し上げたことでおわかりだと思います。それではどのような監督たちが高く評価されているかというと、これは先ほどあげたもののなかから出てきた三人です。溝口健二監督、小津安二郎監督、もう一人は成瀬巳喜男監督、そしてやや離れたところに、これはまだ充分プロパガンダがきいておりませんけれども、気のきいた外国人は一番えらい日本の監督は山中貞雄だよと言う。そう言うと、へぇーと言って、みなそれを尊敬しはじめる。山中貞雄というのはすばらしい監督です。山中貞雄監督は先ほど上げた加藤泰監督のおじさんでございます。一九三六年くらいまで映画を撮られて、名高い映画としては『人情紙風船』というすばらしい映画がございますし、『丹下左膳餘話・百萬両の壺』『河内山宗俊』、これなどは誰が見てもおもしろいし、しかもすぐれている映画ですが、残念ながらいまこの三本しか残っていない。

日本映画には保存という問題がございまして、保存状態が悪く、世界で一番悪い国の一つであるとさえ言われております。そこである時期、イタリアの映画祭のあるディレクターが、三本しかなくても山中貞雄特集をやりたいと言いだしまして、その人がマカオ総督をだましてマカオ映画祭というのを計画したことがあります。マカオは香港よりちょっと遅く中国に併合される。そうするとマカオを押さえておくことは文化的に重要である。マカオはポルトガル領であるから、ポルトガルに行ってポルトガル人を何人か使ってだまくらかして——大体映画はだまくらかすという話はどこかに入ってくるんですけれども——マカオ映画祭というのをやろう、という話がいまから一〇年ほど前にありました。四国のやくざが山中貞雄の映画をひそかに隠し持っている、といううわさが世界でも広がっておりまして、なんとかしてそのやくざに会って——やくざは大体金で動くだろうというのがイタリア的な発想で、わたくしは動かないのではないかと思いましたけれども——お金を積んで山中貞雄のもう一本の作品を何とかやくざから買おうとした。ところが、いろいろ問題があります。映画フィルムは火をつけると燃えると思っていらっしゃる方がいますが、現在の映画のフィルムは不燃性でございますので、昔のセルロイドのように簡単に燃えるものではございません。ところが、四国のやくざが持っているといわれていた山中貞雄の映画は戦前の映画ですから、可燃性のものである。だから、たまたまやくざがイタリアのマフィアに近い人のお金に折れて、それを提供したにしても、可燃性のフィルムを輸送する機関は軍隊以外にない。いま可燃性の映画を日本国内で貯蔵する場合には、周り五〇〇メートル物がないところでなければいけない。たとえば日本映画がアメリカの議会図書館で何本か発見された。これは発見されたというより、日本が占領されていたときに隠し持っていったものなんですけれども、それを日本に移動するときにどういう移動機関があるかというと、アメリカの空軍しかない。これは世界的な法律で、可燃性の映画を一般の交通のなかで移動させることは禁じられているわけです。

四国のやくざの話に戻りますと、たまたま出てきても、それをどうやってマカオまで持っていくか。マカオ総督をだましたイタリア人はポルトガル海軍に頼もうということになりまして、ポルトガル海軍とも話をつけて、ある日ポルトガル海軍が松山港に入港するという話までできていたのですが、マカオ総督がお金を使いすぎて手が後ろに回って、この話は全部消えてしまったわけです。ポルトガル海軍も出動する必要はなかった、というお話がございます。したがって、一つの映画祭をやるにもいろいろなことを考えなければいけないということでございます。残念ながら、その話は立ち消えになりました。山中貞雄の映画は稲垣浩監督と共同監督をした作品、『大菩薩峠』の一部を撮ったものとか、そういうものが残っておりますけれども、あまり残っておりません。したがって、山中貞雄は世界でまだ充分発見されてはおりませんけれども、先ほどのリストのなかにも山中貞雄の名前がちゃんとあがっていたように、世界の人びとはこのことをよく知っているわけです。ここで小津安二郎のほうに移ってまいります。

『秋刀魚の味』にみる小津映画の不自然さ

小津安二郎をどのように紹介するか、ということが一つの問題になってまいります。小津安二郎はある時期まで、日本的だから外国人にはわかるまいということでした。黒澤の作品も非常に日本的なんですけれども、馬が走るし、侍がいるからわかるだろうという非常に雑駁な感じで、なかなか外国に参りませんでした。一九五一年に黒澤の『羅生門』がヴェネツィアで評価されて、それから一〇年ほど日本映画がヨーロッパの映画祭をどっと席捲した時期があります。そのあと、溝口健二監督の映画が何本か上映され、溝口はいまでは世界の古典と見なされております。日本は映画というと学校・大学というところにそぐわないと思われているところがございますが、フランスでは映画は高校の正課になっております。したがいまして、フランスの高校生はいまあげたような名前は知らされておりますし、溝口健二監督の『雨月物語』に関しては高校生のための入門書が出ております。それほど外国映画・自国の映画ということにはかかわりなく、それが高校の授業でついていけるようなものをわたくしの友人たちが一生懸命つくっております。なかなかよくできているので、時間があればあとでご覧いただきたいと思います。溝口健二はヨーロッパにおいてもアメリカにおいても、名前として定着しております。ところで、小津の場合にはまず日本神話というものがございました。小津はなぜか、非常に日本的だと日本人も思い込んでおりましたし、ヨーロッパの人たちも最初は何のことだかわからない。同じ顔した人たちが何度も出てきて、次の映画を見ても、また「おはよう」なんてことを言ってるわけです。そのうち外国人もだんだん名前を覚えてきて、いまでは笠智衆という名前はもっとも有名な役者の一人かもしれませんが、あの笠智衆が出てきて、「そうかね」と言う。その次の映画を特集で見ると、笠智衆が今度は違った女優に向かって「そうかね」と言ってるわけです。あれはなんだ、というのが最初の反応でございました。

ところが、それに対する知識をいくら積み上げていっても、その段階でわからないものは、もう一つ新しい知識を集めることによってもわからないケースがありますが、あるときふとわかることがあります。これがものの理解のなかでは非常に重要なことで、知識の累進性だけでは絶対にわからない何かを、ふとしたきっかけで人びとが理解してしまうというケースがあります。小津の場合はそのような発見のされ方をしているわけです。笠智衆の「そうかい」というのがずっと続いていくうちに、これは単なる「そうかい」ではないし、日本的でもない、映画として非常に変なものだということを人びとがわかってきたわけです。『東京物語』は自分のお父様、お母様くらいの年代の方々が生きてきた東京がそこにあるから、ひとまずは変だと思わない。実に自然のように思えるわけですが、映画というものはその映画づくりにおいて非常に奇妙なことをしないといけません。映画というのは始めから終わりまでずっと一続きの画面ではなくて、複数のショットから成り立っております。ショットというのは、あるカットから始まって次のところにいくまでです。そのショットの積み重ねによって映画は出来上がっていくわけです。その積み上げ方にはいろいろな方法がありますが、小津の場合はとても変なんです。とても変であると同時に、日常的と思われていたことが必ずしも日常的ではないということを検証するために、小津の遺作となった『秋刀魚の味』の一部をビデオで見ていただくことにしたいと思います。

まず最初に、状況を説明させていただきたいと思います。小津のほとんどの映画は、若干婚期の遅れた娘をどのようにして結婚させようかとする父親たちの悩みであります。ここではやや婚期を逸しそうになった岩下志麻がおります。父親の笠智衆は早く妻を亡くしまして、岩下志麻が家のなかを全部切り盛りしてくれている。それが便利なので、つい岩下志麻の結婚のことなど忘れて、どうすれば家の中が良くいくか、ということだけを考えていた。しかし、これではいけないと思い立つ。友人からも娘を便利に使っていると結婚しそびれるぞと言われ、笠智衆が夜遅く若干酔っぱらって帰ってきたところであります。そのとき岩下志麻は首にタオルをまいてアイロンをあてております。アイロンといっても小津の映画ですから、下着などあまり見えませんで、エプロンのようなものにあててるわけですけれども、そのときになぜ岩下志麻はタオルを首にまいているのか。考え方によっては、アイロンをあてるんだから、タオルが首にまかれていても全くおかしくなかろうと思われましょうが、そのあたりを見ていきたいと思います。

（ビデオ上映）

ここは娘を結婚させろと言われた最後です。……ここでぱっと画面が変わりまして自宅になります。これは非常に低い位置から撮ったものですけれども、それは畳の目があまり出ないような位置、というふうにお考えいただきたいと思います。彼女はここで白と赤と青ののにアイロンをかけていて、「お父さん、なに」と言っているところです。実に日常的な、日本の家庭ならどこにでもあるようなものだということはすぐわかります。お父さんが遅く帰ってきた。「食事どうしたの」「もう食べたよ」。そして友人の一人から、おまえ娘を結婚させそびれるぞと言われたので、笠智衆が娘の顔をまじまじと見ているので、岩下志麻に「なあに、お父さん」と言われて、「うん、なんでもない」と言って座る。座った二人の間にキャメラが交互に行って、それぞれを見せる。ここには何ら不自然なことはないかに思われるのですが、実は小津はここで世界の映画作家がまったくやっていないことをしております。ちょっと前に戻して、笠智衆が座る場面をもう一度見ていただきたいと思います。

（ビデオ上映）

座りかけた途中でカットが変わります。腰をおろしたところで止めてください。キャメラを近づけるのにはいくつかの方法がありまして、一つは実際にキャメラが近づけばいい。もう一つは、次のショットでもっと近いところに持っていけばいいわけです。いま笠智衆のところをご覧いただいてわかるように、腰をかがめたときに画面をカットいたします。これは普通にやられていることです。これをハリウッド的な手法でカッティング・イン・アクション（アクションのなかのカッティング）といいます。アクションの途中で切る。そしてその次に普通、世界の映画監督たちは同じ方向から次のショットを撮るわけです。つまり、いま左右の関係がちょっと奇妙かもしれませんが、画面で見ていただきますと、彼はこちら側ではなくて、逆方向から帰ってきた画面があるわけです。ちょっと戻してください。

（ビデオ上映）

まず、このように入ってきて、彼は画面の右手にいて、彼の左側面が見えるので、本来はここで腰をおろしてカッティング・イン・アクションをいたしますと、こちらではなくて、こっち側を向いているのが普通なんです。これを普通、日本の映画用語で言うと「どんでんを返す」と言います。どんでん返しです。普通、これはやられない。これをやるためには映画のセットの両側が完全にできていないといけない。先ほどのカッティング・イン・アクションを同じ方向から撮れば、手前はつくっておく必要がないわけです。両側をつくっておかなければいけない。したがって、小津の映画は非常に高くかかるわけです。その上で、カッティング・イン・アクションで彼が腰をかがめ始めたときに切って、その間キャメラが近づいていき、次のショットでは大きくなる。このカッティング・イン・アクションは見ていてもとても不自然です。いまのつながりをもう一度スローで見たいと思います。

（ビデオ上映）

これはロングショットで全部が見えます。立っていて足の裏も見えるように歩いていきます。ここへ来て足の裏も見えるくらい全身が入っていて、彼が座ると途中で切れる。

このカッティング・イン・アクションというのは日本映画にはよくあるんですが、小津はこれをとても多用しておりまして、見ているととても変なんです。本当だったら、座りはじめたら、そのままの形で撮らなければいけないのに、小津は一八〇度逆のほうから撮っているわけです。これは映画のなかでとても変なことなんです。皆さま方見ておられて、こういうところは変だな、どうして向こうを向いていた人が今度こっち側を向いて座るのかと思う。それを小津はかなり図々しくやっている。これは単に図々しさではなくて、ある目的を持ってやっているわけです。小津の映画は家の構図はほとんどわからない。小津の映画は日本の生活を忠実に描いているように見えて、このような彼らの行動だけから小津の映画の家のなかを再構築しようと思うと、絶えずどんでんが返るのでわからなくなるわけです。小津の映画は迷路のようにわかりにくい。笠智衆が帰ってきて玄関から左に行くと、こっちが客間だったのかと、その都度わからなくなるような映画なんです。あるテレビのプロデューサーの方が、小津が考えたとおりに家を設計してみたらとても住めないということがわかったのだそうです。

岩下志麻はなぜ首にタオルをまいているか

ですから、小津というのはとても奇妙なんです。不自然なんです。不自然だけれども、その不自然さが何かを知らせてくれる。たとえば笠智衆が逆の方向から座り始める。あれは何を言っているかというと、ほぼ二つのものを意味しております。つまり、観客の皆さん、あんなことで映画にだまされてはいけないよ、と言っているわけです。同じ方向で座ると、そこでショットが変わったことに気づかないケースがあります。ほとんど自然につながってしまう。大体、映画はそれで人をだましてきたわけです。キャメラがすっと近づけないときには、同じショットの途中で切ってキャメラを近づけたりするのが普通のやり方です。一九三〇年代ー四〇年代のアメリカ映画を見ると、いまのところは一八〇度変えずにやっております。つまり、笠智衆を同じ顔から座らせる。ところが小津は、それはだましではないか、どうせ人びとをだますなら、もっとあざとくだまそうと思って逆に座らせる。このことを堂々とやったのは小津と成瀬巳喜男の二人です。成瀬巳喜男もこれをやっております。小津と成瀬巳喜男の映画の特徴は、四方八方のセットをつくってからでないと撮らないということです。先ほど言いましたように、これは大変お金がかかることです。映画は大体壁が二つあればできるわけです。ところが、小津の場合は壁を四つつくらないといけない。必ず逆方向の窓まで見えないと、いまのことはできない。その意味では非常にリッチな映画です。もっとリッチな映画はたくさんありますけど、あれが小津の映画の豊かさです。普通の人には撮れない。普通の人は壁二つでいいが、小津は壁が四つなければいけない。そのなかで人を立たせたり座らせたりするのは、単なる奇妙さとは違って、実は入念にお金がかけられているということです。これはいまのテレビでは考えられないことです。それが一つ。

第一のことに関しては、外国人は非常によくわかります。すごく変だということがわかるわけです。そのことで論文を書いた人も何人かいますけれども、いまのが小津のすごさの一つです。堂々とああいうことをやってしまう。だれも驚かない。そして小津は自然な日本の家庭を撮っていると信じ込んでいるアメリカの二流の映画評論家は何人かおりますけれども、まずあんな家には住めない。また、あんな変なことは普通の監督はやらない。

それでは岩下志麻はなぜ首にタオルをまいているのでしょうか。これもああいう状況だったら若い娘はタオルくらい首にまくだろう、というのが自然の解釈です。その意味もまったくないわけではありません。ところが、この先を見ていただくとあのタオルが怒りの表情だということがすぐわかると思います。このあとの状況を若干説明いたしますと、笠智衆が弱々しく「おまえももうそろそろお嫁に行けよ」というようなことを言っている。そうすると彼女は、「私にだって一人や二人、好きな人はいるわよ」と、お父さんの前で居直るところがあります。そこにも先ほどのようなカッティング・イン・アクションが使われています。彼女が近づいてきて、「まあ、そこにお座りよ」と言われて座ろうとする。その途中でカッティングがありまして、そのカッティングの瞬間に彼女が首のタオルを取る。そこがすごいわけです。小津はつまらない心理描写はまったくいたしませんが、そういうところで娘の怒りを表現することができる人です。これは世界でも非常にまれであります。日常的にあのような場合はだれもがタオルをまくだろうということはありますが、実はあのタオルは首の周りからするっと取られるためにあるわけです。そこのところをちょっと見ていただきたいと思います。

（ビデオ上映）

これはいかにも日常的な会話の感じがします。小津の映画では「ちょっと」とは絶対言わないで、だれもが「ちょいと」と言います。立ち上がりますね。これはロングショットです。彼女があああして首からたれているのを持って近づいてきて、ここで座りかけます。で、先ほどのカッティング・イン・アクションがあるわけです。いまのところをもう一度見せていただきたいと思います。

（ビデオ上映）

彼女が近づいてくる。タオルを取る。彼女は「でも」というところからタオルを取る必要がない。多分、忘れてしまって取らないということがあるかと思いますが、これは明らかに演出上でのことで、ここでタオルを取らせない限り彼女は父親に反抗しないかのごとくに、タオルを取ります。あの取り方は非常にエロチックといえばエロチックなので、そのところからもう一度ちょっと見ていただいて、その先タオルがどのように使われているかというのを見ていただきたいと思います。

（ビデオ上映）

ここら辺で彼女は大分怒ってきます。いまはタオルはありません。タオルはどこに出てくるか。……ここにタオルが出てきて、彼女がタオルを握りしめて怒っているところがよくわかります。……ここら辺で父親があまえてくるわけです。……ここでどのように立つか、ちょっと見てください。立ったところも先ほどと同じです。

立つところもカッティング・イン・アクションで、ロングショットから、普通あれはバストショットなんですけれども、小津はあれをクローズアップといっているところまで、クローズアップからロングショットまで撮るわけです。そのように小津の映画は断片化されたいくつかのショットからなっていて、そのショットのなかでもっとも自然だと思われている小道具を、いまご覧になったようにもっとも不自然に使う。お父さんの前に来て、岩下志麻がお父さんに反抗するつもりで来たときに、首の周りのものをさっと取る。そしてその次に、あれは小津のローアングルだからできることですけれども、ローアングルで充分にひざの上に光をあてて、しかもテーブルの下にあのタオルを持っていく。ということは、実はお父さんであるところの笠智衆には見えないところであのタオルを握りしめているわけです。観客だけがそのことを見ることができる。あのような小津のやり方は非常に変なんです。テレビでこんなことはなかなかできません。なぜかというと、あのように慎重にクローズアップからロングショットに行ったり、ロングショットからクローズアップに行ったりするときには全部照明を変えないと撮れないわけです。そのようなことをしながら、一ショット、一ショット丹念に撮っていった小津が、いかにも自然であると思われていながら、その自然さを一つひとつ壊していく小津の不気味さのようなものを外国人は感じてしまう。

最初に小津にいかれてしまった人たちはだめです。小津は鎌倉に埋葬されたから禅宗だという人がたくさんいて、禅とか、もののあわれとか、そんなことを言うわけですが、いまご覧いただきますと、ごく自然に思える父親と娘とのやり取りが非常にシビアに出ている。そのシビアに出ているところを心理的に説明するのではなくて、物の移動によって説明しているわけです。彼女が首の周りからどうやってタオルを取るか。取ったものをどこに置いておくか。小津はキャメラを遠ざけることで、父親には見えないように彼女がタオルを握りしめるところを見せる。これは決して自然なことではない。非常に人工的な演出です。小津のすばらしさは、そのような人工的な演出をあたかも自然なもののように見せてしまったところにあります。ですから、じっと見ていると小津の映画はとても不自然なことがいっぱいありますが、その不自然なことを小津はどのように簡単に切り抜けているか、というようなことをぜひ見ていただきたい。小津がいかにも日本的だなどということは間違いです。あれは映画のためにつくられたセットですし、小津のつくるような家にはだれも住めないということがわかっておりますし、あのタオルも日常的に首にまいているものでもなくて、まさに映画のためにまいているわけです。これまで小津の映画のなかでわたくしたちが知っている女優たち、原節子にしても司葉子にしても、ああいう日常的な、ややだらしのないかっこうは小津はまったくさせていません。必ずブラウスを着ている。鉢巻きするのはそこら辺を通っている、昔の小津の映画の「喜八もの」なんかに出てくるものであって、鉢巻きとかタオルを首にかけるというようなことはしていないんですが、あそこでは奇妙にタオルを首にかけさせている。それが単に日常の描写とは違う、ある独特の空間をつくっている。そしていまご覧になったように、画面がロングショットからバストに行ったり、バストショットからロングに行ったりするときの立ち上がり方などをはっきりと計算した上で、あのタオルが取られたり、ロングショットになるとそれが握りしめられていたり、立ち上がるところでは彼女が憤るような形でそれを手にしていることがわかります。非常に細やかに、自然に見せるためにはいかなる不自然な演出が必要かということを充分知り抜いた上で、このような画面を撮っているわけです。テレビと映画の非常に大きな違いは、一つひとつのショットをそのなかでは完璧に撮るということです。最後に、もう一度見ていただきたいと思います。

（ビデオ上映）

ここには最近あまりなくなってしまったようなすりガラスのシェードがあります。これをどう撮るか。光線が強すぎると、ここでハレーションのようなものを起こしますし、まさにこれに必要な撮り方をしているわけです。これはぼーっと浮き上がっている程度のものであって、強すぎません。そしてこれは夜の照明で、これが壁を隠しているわけですが、これを入れるか入れないかで、この画面の締まり方がまったく変わってきてしまいます。これをどのように入れるかというのが小津のキャメラマンの厚田雄春さんという人のすばらしさだと思いますけれども、シェードのなかに入れている電灯のワット数を考えた上で、これがハレーションなどを起こさない程度に強すぎず弱すぎず、まったく周りの画面に影響することがないようにして撮っている。これだけでも非常にお金がかかっているわけですし、時間がかかっているわけです。このような画面を丹精込めてつくりあげ、その画面をそのまま見せるのではなくて、必ず次の別のショットにつなげていくところが小津のすごさであります。ご覧いただくと、ここに畳の線が見えません。畳の線が見えないというのは日本間のなかに無用の奥行きを見せないということです。実はここは二間続きなんですけれども、そのようには見えないようになっております。非常に人工的かつ不自然なことをやりながら自然さを見せる、という小津のすごさの一端を見ていただきました。

先ほどのお話ですと、このあたりでご質問を受けるということになっているようですが、これだけはというのがあれば一言お答えいたします。いかがでしょうか。

問い　蓮實さんの言われる、いい映画とあたる映画というのは別物なんでしょうか。先ほど言われた北野武監督は今回の『ＨＡＮＡ－ＢＩ』でようやく黒字になるかどうかぎりぎりのところで、いままでの作品はすべて大赤字なんですね。ビデオ化されてもまだ赤字が残ってる。スポンサーがいたから何とかなったんですけれども、そのような状況ですね。たとえば『愛を乞うひと』はいい映画という評価はあったんだけれども、大赤字です。これは永遠についてまわるものなんでしょうか。そのあたりについて蓮實さんのお考えをお伺いしたいんですが。

蓮實　小津の映画は大体全部あたっているわけです。ですから、あたらない映画がいい映画で、あたる映画は悪い映画だ、ということは前提にはありません。残念ながら、北野武の映画はまずプロダクションが小さかった。一本目は非常にあたっているわけですね。『その男、凶暴につき』は一応松竹作品であり、けっこうあたっていたわけですけれども、あの人は非常に困った人で、あたり過ぎると照れまして、東宝に行きまして、『あの夏、いちばん静かな海。』という、あたるはずのないものをあえて撮るというのが北野武監督のすごさです。『あの夏、いちばん静かな海。』もすばらしい映画なんですけれども、残念ながらあたらない。彼はあたらなかったことを誇りにする人ではないと思います。どうやら『HANA－BI』であたりはじめた。でも、大きなプロダクションを持っていない限り、どっこいどっこいだということになると思います。

それではあたる映画はつまらないかというと、きょうはその話の主題ではなかったわけですけれども、『タイタニック』という映画はやはり非常におもしろい映画だと思います。悪いところもたくさんありますけれども、実におもしろいところがあります。ただ、わたくしは唯一、ディカプリオという顔だけは容認できないという点があるので、わたくしがプロデューサーだったら別の顔にして、あたらなくてももっとロマンチックにしたいという気はあります。あたる映画が悪くて、あたらない映画のほうがいいという状況は非常に不幸だと思いますので、全部あてる。北野さんはなぜ赤字が多いかというと、やっぱりぜいたくすぎるんですよね。非常に奇妙なことを申し上げますが、わたくしは北野武監督に一度出てくれと頼まれたことがあります。『ソナチネ』をご覧になったでしょうか。これも大傑作で、殺し屋がいるわけです。プロデューサーの方が「北野監督がやってくれと言ってますが、どうですか」と言われたわけです。わたくしはそのころ、こういう責任ある立場でございませんでしたので、うまく日程さえ合えば出られるのではないかと思ったんですが、あの方は順撮りというのをやられます。ですから、ある一つのシークェンスのなかで最初に出てきて、一番最後のシークェンスに出てくるというものだと、それだけで一週間以上拘束されてしまう。その撮り方に非常にお金をかけている。わたくしがプロデューサーだったら、彼の首を締め上げて半分の予算で撮らせます。ところが、彼自身がプロデューサーみたいなところですから、若干赤字の額を大きくしすぎてしまう。本当にすぐれたプロデューサーがいれば、彼はそんなに赤字ばかり出さなくても済んだのではないか、というのがわたくしの実感でございます。

あたる映画は悪い映画ではまったくありませんので、あたる映画もぜひ見ていただきたいと思いますし、またあてていただきたいと思います。このなかにはわたくしよりご年輩の方がいらっしゃるようにお見受けしますが、シニア制度というのを活用していただきますと、いま六〇歳以上は一〇〇〇円で映画が見られます。証明しろなどということは向こうは聞かないことになっておりますから、映画館に行かれてシニアと一言おっしゃっていただくと、一〇〇〇円で映画が見られるようになっております。とりあえず、わたくしとしては黒沢清監督の『ニンゲン合格』などは見ていただきたいと思いますが、皆さん方が見やすい映画館でやっていないということがあります。

一つ宣伝しておきますと、これも下北沢の小さなところでやってるんですけれども、『趙先生』という中国映画です。最近の世界映画のなかでもっともすぐれた新人が登場いたしまして、中国にはいづらくなって香港資本でつくって、中国政府は上映はまかりならんと言っている映画ですけれども、この『趙先生』というのは非常にすばらしい、ちょっとどきどきするような映画です。これもぜひあてたいと思いますが、せいぜい三〇〇〇人くらいでしょうか。これでおわかりのように、映画は大衆娯楽ではなくて、三〇〇〇人か四〇〇〇人で何とかやっていけるものなんです。トントンになる。このなかの皆さんがいらっしゃるだけで、映画はずいぶん豊かになるわけです。三〇〇〇人分の二〇〇人というのはすごいパーセンテージになります。私が行っても政治は変わらないと言って投票しない時代ではなくて、いまさら私が行っても映画は変わらないだろうと思わずに、ぜひぜひご覧になっていただきたいと思います。五九歳の方がシニアと言われちゃうとわたくしもちょっと心配ですけれども、向こうは誰何しませんので、シニアと言って映画を見ていただきたい。そういう時代が来たのはやはり大変いいことではないかと思います。このあたりでお話を終わらせていただきます。

総長日誌

フランス・スペイン出張

（一九九八・九・九―二〇）

9月9日（水）

04：25　パリ（CDG）空港着。妻 Chantal 同行。早朝の空気にはまだ夏の香りが残っている。予約の車でホテルへ。

05：50　Hôtel d'Angleterre 着。10号室。黒澤明監督の死去による朝日新聞の追悼記事のため出発前々日は眠らず、その疲労をいまだ引きずっている。二時間ほど寝る。

08：45　食事の後、タクシーで高等師範学校エコール・ノルマル・シュペリユール ENS（45 Rue d'Ulm）へ。

09：30　第二回生成論批評国際会議開会式。会場、ENS デュサーヌ講堂。主催、国立科学研究センター CNRS のフランス近代草稿テクスト研究所 ITEM。共催、フランス国立図書館 BnF、パリ第八大学、エコール・ノルマル・シュペリユール ENS。名古屋大学松沢助教授とともに、国際学術顧問の一員として参加。

10：00　第一セクション「方法の問題」。ラウンド・テーブルはいつもながら短すぎる。

13：00　ENS 食堂で昼食。CNRS のフェレール（ITEM 所長　東京の会議以来）、ビアジ（主催責任者）、パリ第七のバリバール（パリ第七大学　東京の会議以来）、第八大学のネフ氏、エルシュベール＝ピエロ夫人、ブリュッセルのゴト＝メルシュ夫人らと再会。ENS の校長のギュイヨン教授と協定の継続について。

17：00　名古屋大学の松沢助教授、人文科学研究科の菅谷君などが参加しているポスター展示をシモーヌ・ヴェイユ教室で見る。

9月10日（木）

08：00　部屋で朝食。その後休息。つめたい雨でいきなり秋の気配。
09：00　フロントで受け取ったファックスの中にオルレアンの隔年日本映画祭のディレクター、ジャン・ヴィアラ Jean Viala からの「神代辰巳論」の仏語訳の許可、その他黒澤明をめぐるインタヴューの要請など。前者は時間的な余裕もありOK、後者は余裕がなく辞退。
10：00　パリ第八大学のダニエル・ドゥフェール Daniel Defert 教授と電話で来春のミシェル・フーコー・シンポジウムの打ち合わせなど、電話連絡多数。
11：00　ホテルの中庭でサン・セバスチャン映画祭の実行委員会のホセ・マリア・リバ Jose Maria Ribas に会い、最終的な打ち合わせ。
12：30　CNRS のラシェッド教授と Deux-Magots で会い Brasserie Lipp で昼食。人文科学の共同研究についての討議。東大時代をなつかしむことしきり。
14：30　会議の第四セクションの「美学と生成論」に出席。司会のジャック・ネフは折から集中講義でジョンズ・ホプキンス大学に滞在中で、すぐさまアメリカに戻るという。
16：00　ENS の図書館にプチマンジャン館長をたずね、懇談。アントワーヌ・クルノーの著作集について情報を得る。
19：00　ツール大学のピエール・マレショウによるリストのピアノ・ソナタの生成論的な分析と演奏に妻と参加。

9月11日（金）

08：00　部屋で朝食。雨もよいの曇り。
09：00　会議への出発前のフロントで前夜到着

していたファックスで小学校いらいの友人の二見道雄の死去を知り、愕然とする。NHKパリ特派員時代の彼とは家族ぐるみのつきあい。通夜にも葬儀にも出席できないので、午前中の会議を休んで東京へ弔電を送り関谷秘書係長とファックスのやりとり。悲しみ募る。

11：00　会議の第五セクションに出席（ENS）。

12：30　会議出席中の社会科学高等研究院EHESSのレイモン・ベルール Raymond Bellour と Ulm 街の小さなカフェで昼食をとりつつ、映像研究誌《Trafic》の成瀬巳喜男特集の可能性など討議。

14：00　第六セクションに出席。早めに切り上げて、本屋をまわり、ホテルで休息。

20：00　友人の映画評論家ジャン・ドゥシェ Jean Douchet と Paul Minchelli で夕食。妻同席。東大博物館のデジタル小津展への招待とそのシンポジウムをめぐる討議。

9月12日（土）

08：00　部屋で朝食。雨で疲労感募る。午前中休む。

14：30　フランス国立図書館BnFでの第八セクション「ラテン・アメリカでの生成論」。妻同行。バスでトルビアックに向かい、正面の階段をのぼると風で傘が飛ばされそうになる。初めて入る内部には閉塞感が漂う。会場の小講堂にたどりつくには、力をこめないと開かない扉がいくつもある。疲労感と閉塞感から中途退席すると、ゴト＝メルシュ夫人が内部を探索している。二人でリシュリュー街 Rue Richelieu の旧図書館BNをなつかしむことしきり。

21：30　シネマテーク・フランセーズで特集上映中の加藤泰の『明治侠客伝・三代目襲名』を二〇年ぶりで見る。プリント状態良好。ル・モンドのフロドン Frodon やレザンロックティーブル Les Inrock の絶讃記事のおかげで大入り。

9月13日（日）

08：00　部屋で朝食。
10：00　ルーブルの売店でポスターなどをあさり、あたりを散策。
17：00　Celluloid Dreamsでリモザン監督Jean-Pierre Limosinと北野武監督をめぐるドキュメンタリーの東京での撮影の詳細を討議。妻同席。
20：00　FinziでLimosin一家と夕食。

9月14日（月）

08：00　部屋で朝食。
10：45　《Cahiers du Cinéma》「カイエ・デュ・シネマ」誌のAgnès Béraudホテルに迎えにくる。その車でフランス放送協会Maison de la Radioに向かう。雨。
11：30　フランス文化ラジオFrance Cultureで《Positif》誌の編集長ミシェル・シマンMichel Cimentによる『監督　小津安二郎』のフランス語訳《Yasujiro Ozu》に関するインタヴュー。きわめて真面目な質問。今日は《Positif》ではなく《France Culture》の人間だから、敵対する《Cahiers》が出版した書物でも公平にとりあげるのだという。
13：00　同じ建物にあるフランス国際放送Radio France Internationaleでカトリーヌ・リュエルCatherine Ruelleによる小津や成瀬、加藤泰など日本映画をめぐるインタヴュー。
15：00　ホテルに戻り、シネマテークでの小津をめぐる講演の原稿を推敲する。
20：00　シネマテーク・フランセーズ（Grands Boulevardsの上映ホール）。妻同行。バスを降りると館長のドミニック・パイーニDominique Painiとばったり出会い、お茶を飲む。コロラドのテリュロイド映画祭から戻ったばかりで、飛行機中で読んだ雑誌であなたの講演が自分のところで今夜行われると知って仰天してかけつけたのだと笑う。
20：30　小津安二郎監督『東京の宿』の特別上映。本来なら月曜は休館のところ「カイエ・デュ・シネマ」のシネクラブとして組まれた番組。上映前、館長の挨拶に続いて短い話。「カイエ・デュ・シネマ」のクローディーヌ・パコとの対談形式の講演。この種の会場に必ずいる無知な男の無礼な質問に客席の失笑。
22：30　近くのレストランで、訳者のルネ・ド・セカティ René de Ceccatty、中村亮二ほかとともに館長主催の晩餐。

9月15日（火）

秋の気配強まる。休息。

9月16日（水）

07：00　部屋で朝食。パリに残す荷物を隣の Hôtel du Danube に移動する。曇り。
08：15　車で空港へ。妻同行。
10：40　パリ（CDG）空港発（AF7634）。
12：10　ビアリッツ空港着。豪雨。誰も傘をさしだすものはなく全員が駆け足でタラップを降り、空港の建物に走り込むしかない殺伐とした地方空港。周囲の緑が濃く、環境は申し分ない。映画祭の女性に迎えられ、フランス＝スペインの国境を越えて海沿いの道をサン・セバスチャンへ。
14：00　三〇分ほどで市内の中心地にある Hotel Maria Christina に到着。ディレクターのディエゴ・ギャラン Diego Galán の鄭重な出迎えを受ける。最上階の豪華な部屋をあてがわれる。テレビ・クルーやキャメラマンなど多数。山根貞男氏と共編の成瀬巳喜男特集 Mikio Naruse はみごとな仕上がり。
16：00　山根氏マドリッド経由で到着。コーディネイターの金谷氏とつれだってカフェで昼食をとり、事務局で挨拶したのち、海岸を散歩。

一九世紀いらいの典型的な保養地。市内の標識にはバスク語が氾濫している。
17：15　映画祭の新聞のためのインタヴィュー。
21：00　ディレクター主催の晩餐会。スペイン料理とはまるで異なるバスク料理。メイン・テーブルのジャンヌ・モローの正面の席をあてがわれる。大スターとしての自信からくる飾らぬ魅力。プレス関係責任者ルイゼット・ファルゲット、開会式司会のスペイン女優（ハリウッドにも進出している）アイタナ・サンチェス・ヒホン、山根氏。別のテーブルにイランのジャリリ監督。
24：00　ホテルに戻る。

9月17日（木）

09：00　食事の後、海岸の山根氏のホテルへ。静かな湾の周辺を散歩し、旧市街の映画館の位置を確かめる。
11：00　ホテルの映画祭ホールで、山根氏と成瀬巳喜男の出版物の紹介。パリで会ったRibasの司会。文化省フィルモテカの館長チェマ・プラドChema Prado（成瀬特集の仕掛け人）と再会。Mikio Naruseに寄稿してもらったダニエル・シュミットDaniel Schmidの名前の綴りがSchimdとなっていることを指摘。責任者として、シュミットの性格をよく知っている友人として、チェマ頭をかかえる。かつて東大を来訪したメキシコのフィルモテカ館長トルヒーヨに会う。
14：00　ごく普通のバスク料理レストランで山根氏、金谷氏と昼食。
16：00　ホテルに戻って休息するつもりが、開会式担当のテレビ・プロデューサーの要求で市立劇場に急ぐ。ジャンヌ・モローの直後に舞台挨拶をスペイン語でせよとのこと。固辞するが押し切られる。市中の劇場に成瀬の初回を見に行っていた金谷氏を探しあて発音練習を頼み込む。

20：00　開会式の舞台に立つ人びとホテルに集合。名誉賞を受賞するジャンヌ・モローのほか、特集上映のテリー・ギリアム監督、審査員のイェルジー・スコリモフスキー監督など、錚々たる顔触れ。『セントラル・ステーション』のワルター・サレス監督もスペイン語の挨拶に脅えている。審査員のメキシコ女優のパトリシア・レイエス・スピンドーラが二人の困惑ぶりを見かねて、発音練習をしてくれる。

20：30　開会式。ホテルから市立劇場までの通りを、大混雑の観衆にかこまれてジャンヌ・モローと並んで歩く。ディレクターのディエゴ・ギャランは正装。舞台にはバスビー・バークレー式の水着の美女があふれ、スクリーンには黒澤明の追悼の画面が流れる。続いて成瀬の作品の数ショットが投影され、司会のスペイン女優アイタナ・サンチェス・ヒホンの紹介の言葉に促され舞台に立つ。挨拶のスペイン語が通じたのか、あるいは儀礼からか、客席の拍手。

22：30　市役所でのパーティー。アイタナが、司会の私でさえ長いドレスの中でガクガクと震えていたのに、あなたは堂々とスペイン語を話したとお世辞。国際交流基金視聴覚部の大里氏到着。

00：30　ホテルに戻る。完全にスペイン的な時間の中に埋没する。

9月18日（金）

09：00　部屋で朝食。ホテルの入り口に陣取る観衆の歓声が高まる。アントニオ・バンデラスが到着。

10：00　妻とホテルを出るとき、つめかけた観衆の一部が「ミキオ、ミキオ」と絶叫。こちらを成瀬監督と勘違いしていることに気づき手を振ると、大喚声。

13：30　旧市街のバーで昼食。山根氏と事務局に挨拶。午後、ホテルで夜の講演のための文案を考えるが、玄関前の観衆の歓声に落ち着きを失う。
18:30　成瀬特集の上映会場で『女人哀愁』の上映前の講演。リバの司会。ベルナール・エイゼンシッツ、オーディー・ボック、マックス・テシエらと再会。
20:30　マスコミ担当のルイゼット・ファルゲット主催の晩餐会。「カイエ・デュ・シネマ」のティエリー・ルナス、「リベラシオン」のエドワール・ワイントロープほか多数参加。これだけの顔触れが集まりながらテイ・ガーネット監督の『郵便配達は二度ベルを鳴らす』の殺される夫役の役者が誰であったか、一人として思い出せず。
23:00　ホテルに戻る。

9月19日（土）

10:00　朝食をすませ、荷物をまとめ、事務局に挨拶。来年度から映画祭はラファエル・モネオ設計による新建築に移るとのこと。土曜日であることを忘れ、銀行を求めて繁華街を歩く。
14:00　ラジオ、新聞などいくつかのインタヴュー。
15:00　ホテルを出発。入れ替わりにベルトルッチ到着。
17:30　ビアリッツ空港発（AF7489)。同便にワルター・サレス監督。パリでル・モンド紙のフロドンと夕食とのこと。
18:40　パリ（オルリー）空港着。シャトルでアンヴァリッドまで。
20:00　Hôtel du Danube 到着。軽食の後、本屋を見る。

9月20日（日）

08:00　部屋で朝食。サン＝ジェルマン界隈を散歩。
11:00　タクシーで空港へ。
13:30　パリ（CDG）空港発（AF276)。

ソウル出張（一九九八・九・二四－二六）

9月24日（木）

18：05　ソウル金浦空港着（KE002）。成均館大学の崔博光教授（日本文学専攻。総合文化研究科比較文学比較文化に留学経験あり）の出迎えを受ける。

19：30　タクシーで市内のレストランに直行。東大出身の教授たちと上品な韓国料理のテーブルをかこむ。あらゆる学部の出身者が集まり、いつもながら海外の東大出身者の愛校精神には頭がさがる思い。

22：30　崔教授につきそわれて新羅ホテルに到着。翌日のセクションの発表者たちのペイパーをもらい、それをもとにコメントを構想する。午前中の国立大学協会理事会からの長い一日の終わり。

02：00　就寝。

9月25日（金）

07：00　早い目覚め。薄曇り。朝食。今回も町に出ることなくホテルと大学との往復に明け暮れしそうなむなしい予感。

09：00　新羅ホテルのDinasty Hallでの成均館大学創立六〇〇周年記念フォーラム第二日。ブン・ジン・チュン学長に挨拶、贈り物を手渡す。渉外担当のリー教授と北京いらいの再会（彼女は華麗な民族衣装をまとっている）。早稲田大学奥島総長前日より参加され、発表を行われたとのこと。

10：00　オックスフォード大学学長コリン・ルーカス教授、シドニー大学学長ゲイヴィン・ブラウン教授、チュン学長の発表にコメントを加える。秀吉から日本総督府まで、日本はこの大学に対してひたすら悪事を働いており、そのことに触れざるをえないが、若い世代の教授数人から、感動したとの言葉をかけられる。
11：00　コーヒー・ブレイク。ミュンヘン大学学長ヘルドリッヒ教授らと再会。パリ第一パンテオン＝ソルボンヌ大学学長イヴ・ジェグゾ教授と知り合う。
11：20　最後のセッションと閉会式。
12：20　昼食。食後、喫煙家の奥島、ブラウン両学長と不良少年のごとく喫煙できる場所をさがしまわる。
14：00　バスで成均館大学へ。ヨーロッパの学長は儀式用の正装をまとっている。
15：00　儒教的な建築物の明倫堂の前の庭での創立六〇〇周年記念式典。首相列席。陽光のふりそそぐ戸外にテレビのクルーの横行。黄色、赤、青など色彩感覚の見事な横溢と式次第のややアバウトなところが好対照をなしている。
16：30　式典を中座し、在韓日本大使館へ小倉大使を尋ね、挨拶。金大統領のクリスチャン・ネームがトーマス・モーアであることを知らされる。
17：45　大使館の車に送られホテルに戻る。
18：00　バスで、川向こうの63ビルへ。いかにもソウルらしい小さな十字架がいくつも見える坂の多い通りを抜けてゆくにつれ、すでに帰国が翌日にせまっていることを残念に思う。
19：00　学長主催の晩餐。
22：00　バスでホテルに戻る。腰に鈍い痛みを感じ、マッサージを受け、就寝。

9月26日（土）

07：00　かなりの疲労にもかかわらず、早い目覚め。荷物をまとめてから朝食。
09：20　ホテルで李御寧氏と「朝鮮日報」のための対談。
10：40　バスでホテル出発。大統領公邸青瓦台へ向かう。APRU の会議に続いて二度目の訪問。

11：00 金大中大統領主催の学長歓迎昼食会。瀟洒なフランス料理。大統領、質問に答えて、クリスチャン・ネームの由来についての興味深い話。
13：40 ホテルに戻り、カフェで延世大学金鐘琳教授（高校の先輩）と懇談。
16：20 崔教授に送られて空港へ。
18：40 ソウル金浦空港発（KE705）。

上海出張 （一九九八・一〇・二八―三一）

10月28日（水）

10：00 成田第二ターミナル発（JAL791）。同行、工学系研究科小谷俊介教授（国際交流委員会AEARU特別委員会委員長）、関谷秘書係長、加藤国際交流課補佐。
13：00 上海虹橋（Hongqiao）空港着。延着一時間。復旦大学AEARU係の出迎え。台湾清華大学のLiu学長と出会う。マイクロバスでホテルへ。高速道路からは立ち並ぶ高層住宅のあるものは建設中に放置されたようにみえる。小谷教授によると、地震の多い日本ではありえない安易な建築技術らしい。
15：00 ホテルBaolong Guesthouse到着。大学に近いことで選ばれたらしいが、あたりには建設途中の道路や建物が林立し、きわめて殺風景。起業家の農民がモーテルとして始め、ホテルとして成功したのだという。チェック・イン後、総合文化研究科刈間文俊教授（北京大学滞在中）合流し、ロビーのカフェで全員でお茶を飲む。
17：30 ホテルのレストランで夕食。入り口脇に、料理用のさまざまな小動物や魚が陳列されている。同時に国際会議が開催されているようで、外国人客が多い。
19：00 バスでOriental Pearl TV Tower見

学。劇画を思わせる奇態な塔。映画で見た外灘（バンド）の夜景が黄浦江の対岸に拡がるのを眺めながら、なかなか上海にいるという実感がわかない。

22：00　ホテルに戻る。

10月29日（木）

07：00　道路の騒音で目覚める。朝食。

08：45　バスで復旦大学（北京大学とともに、東大と京大のような関係にあるといわれる）に向かう。日本の加盟校の総長としては長尾京大総長が参加。会議場にある事務棟は香港の映画製作者ランラン・ショウ兄弟の寄付によるものとのこと。華僑資本の大学への進出に驚く。

09：00　東アジア研究型大学協会（AEARU）年次総会。議長のポハン工科大学のチュン新学長の到着が遅れ、午前中はインフォーマルな討論に終始。中国滞在中のフランス文部省の代表団（Coutrillot大臣特別顧問ほか）が姿を見せ、挨拶する。翌週に迫った東京での日仏学長会議の打ち合わせなど。

12：30　昼食。香港科学技術大学の呉学長の祖父は、かつて復旦大学長であったことを知る。

14：00　総会開始。東大提案の東北大学の加盟案などが可決され、他の自薦校は拒否される。学生キャンプ、碁のコンテストなど、学生参加の企画の成功が報告される。バイオテクノロジーなどのワーキング・グループも活況を呈している。到着したチュン議長の大胆な司会で午後九時の定刻よりはるか以前に議題を消化し、秘書のダナ・ウォーカーは、こんなに簡単でよいのかと心配する。

16：15　キャンパス・ツアーと実験室見学。

18：15　バスで大学の迎賓館に向かい、晩餐。上海蟹の季節。

19：30　ホテルに戻る。刈間教授らと落ち合いホテル内を探検すると、食堂前のエレベーターがまるで雰囲気の異なるいかがわしいディスコやカラオケ・バーに通じていることを発見し、驚く。

10月30日（金）

10：00　復旦大学副学長ほかの案内で、各大学の代表とともに、バスによる市内見学。小谷教授、刈間教授、関谷係長、加藤補佐同行。途中、事故車同士の派手な喧嘩。長い橋をわたり黄浦江対岸の開発計画。高層ビル林立。道路状態悪く、不意の大きな揺れに腰を痛める。

11：30　豫園見学。全員街頭で買い求めた焼栗をむさぼりながら、対岸とは対照的な古い街路を歩く。少数民族の若者たちが売っている菓子をキロ単位で買い、関谷係長重さに驚く。

13：00　豫園近くの緑波廊餐庁で昼食。満員。食後、豫園商場を探索。薬屋が多く、刈間教授の推薦で健康のための漢方薬を買う。

14：00　上海博物館見学。青銅器などを見る。

17：30　かつてのブロードウェイ・マンションの最上階のレストランで夕食。すばらしい夜景。

20：00　ホテルにもどる。腰の痛み激し。刈間教授ホテルと交渉し、気功のできる老マッサージ師の派遣を約束。部屋で待つとスニーカーをはいた少女のごとき若い女性の人影が姿をみせ驚くが、見事に痛みをとってくれる。

10月31日（土）

09：30　タクシーで、玉佛寺を見る。

11：30　ホテルに戻り、刈間教授と別れ、残りの全員、復旦大学のバスで空港へ。

14：15　上海虹橋空港発（JAL792）。

台北出張　（一九九八・一一・一三―一五）

11月13日（金）

18：05　台北（中生）空港着（CI101）。国立台湾大学法学院院長許介鱗教授夫妻の出迎えを受ける。大学の車でホテルへ。選挙の旗の林立する市内。公職選挙法にあたるものが存在しないので、旗は立て放題、大学教授が選挙運動をすることも禁じられてはいないという。
21：00　ハワード・プラザ・ホテル着。

11月14日（土）

09：00　ホテルで許教授夫人の出迎えを受ける。法学院に入る道路には多くの出店があり、祭りの雰囲気横溢。
09：15　台湾大学法学院。みるからに戦前の日本を思わせる建築。院長室に許院長をたずねる。丸山眞男集を法学院図書館に寄贈。正門前に道路での開会式。元院長や関係者集まる。原住民（高砂族）の踊りや小学生の演奏など。職員の対抗綱引きのピストルを撃つ。図書館はじめ構内見学。日本のそれに似たお祝儀の弁当で食事。
13：30　台湾大学メイン・キャンパスを見学。生命科学研究棟でおりから台湾大学で開催中の東アジア研究型大学協会の「バイオテクノロジー」ワークショップに参加中の新井賢一医科学研究所所長、新領域創成科学研究科の嶋教授などに会う。
16：00　ホテルにかえり、范健祐氏（総合文化研究科研究生、現在映画プロデューサー）とお茶を飲む。
18：00　許院長夫妻の出迎えを受け、東大出身者のパーティーに出席。戦前に卒業した年配の男性も多く、「宮澤君がまた大臣になったな」といった会話がごく自然に行われている。年配の女性の日本語の美しさ、卒業生の結束は、日本とはくらべものにならない。
20：30　法学院前の戸外の会場で、法学院の夕べ。台湾大学出身のテレビ・タレントや歌手によるエンターテイメント。そこに有力な選挙候補者が登場するか否かで、法学院長許教授せわしなく出入りする。
22：30　ホテルに戻る。

11月15日（日）

09：30　荷物をまとめ、朝食ののち、許学院長夫人に迎えられ台湾大学へ。好天、やや蒸し暑い。
10：00　台湾大学講堂で創立七〇周年記念式典。Wei-Jao Chen 学長に挨拶。壇上に設けられた席につく。李登輝総統の挨拶ほか。
11：30　学内の会場で祝賀会。英語による祝辞。在合衆国同窓生からの寄付金の贈呈式、など。
14：30　ホテルに戻り、許学院長夫妻に送られて空港へ。
17：20　台北（中生）空港発（CI106）。搭乗直前に新井、嶋教授ほかに会う。

モスクワ出張　（一九九九・一・二七－三〇）

1月27日（水）

17：50　三〇分遅れでモスクワ（シェレメチェヴォ第二）空港着（SU576）。同行大学院総合文化研究科桑野教授。入国審査には時間がかかるが、日本大使館広報文化部の田口栄治氏の出迎えを受け、税関審査をあっというまに通過。さほどの疲労感はなく、曇りでときおり雪が舞っている戸外に出る。寒さは身を切るほどでなくいささか気落ちする。
19：00　Renaissance Moscow Hotel 着。環状線の外に位置し、モスクワ・オリンピックのために建てられたさしたる雰囲気もない無性格な外資系ホテル。1020室。着替えてフロントへ。
19：30　大使公邸にて、都甲大使夫妻主催の晩餐会。きわめて趣味のよい日本料理。桑野教授同席。
23：00　ホテル着。小津の講演の原稿に手を入れてから就寝。

1月28日（木）

07：00　早朝の目覚め。雪が舞っている。窓のむこうにはやや中心を離れた市街の光景が暗く拡がり、湿った路上を多くの車が行き来している。各国語の行き交う巨大な食堂で朝食。
10：00　田口氏に迎えられ、通訳ガリーナさん（二年ぶりの再会！）をまじえ、全ロシア国立映画大学に向かう。やや時間が早く、少数民族系の女性が娘らしい少女と経営する簡易住宅のようなカフェでインスタントコーヒーをのみ時間をつぶす。
11：00　全ロシア国立映画大学。明るさはないが、思ったほど汚れてはおらず、この入り口や廊下をかつての名高い映画人たちが歩いたのかと思うと鈍い興奮が背筋を走り抜ける。学長室で、ノヴィコフ学長、ストルチャク渉外担当副学長ほかと懇談。学生作品の交換の提案。室内の壁にミハイル・ロムなどの写真。帰りがけに、玄関わきで日本人学生から声をかけられる。
13：00　大通りに面したレストランで昼食。数年前にはあまり見なかったファミリー・レストラン的な雰囲気。
15：30　映画博物館に到着。一階のカフェで時間をつぶす。
16：00　ナウム・クレイマン館長と二年半ぶりの再会。小津安二郎の特集は大入り満員だという。田口氏の配慮で、小ぎれいなプログラムが印刷されており、感激。彼のオフィス横の木製のテーブルと椅子は、ミハイル・ロム監督の別荘にあったもので、同監督の手製のものだと知り、さらに感激。ロシア文化テレビ、雑誌「今日の日本」などに小津についてのインタヴュー。

18：30　ホテルに戻る。ゲルマン監督、体調悪く会えないとのメッセージ。
19：00　ホテルのイタリア料理 Villa Medicis にて、ガリーナさん、桑野氏と夕食。

1月29日（金）

07：30　朝食。
09：00　ホテルに田口氏とガリーナさんが迎えにくる。
10：00　ゴーゴリの『外套』を製作中の動画作家ユーリー・ノルシュタイン監督のアトリエをたずねる。二つの大きな撮影装置つきの部屋を持つアトリエ。完成以前の『外套』の一部を上映してくれる。外套の生地のやわらかな揺れ。
13：00　東大からの留学生たち一〇人ほどと、市内のレストランで会食。いずれもモスクワ生活を満喫している様子。
16：00　映画博物館で「小津安二郎と世界の映画史」講演。通訳、モスクワ大学の日本語科のマズリック助教授。大入りの会場に驚く。別会場での上映も満席とのこと。田口氏によると、日本文化関係者ではなく、クレイマン館長と語らって、むしろ映画好きの文化人に声をかけたという。小津の名前はヴェンダースの『東京画』によって広まった模様。
18：00　映画博物館でテレビ「ロシアの声」の二番組のインタヴュー。
20：30　河東哲夫公使公邸で夕食会。桑野教授、クレイマン博物館長のほか、モス・フィルム社長シャフナザーロフ監督など。
23：30　ホテルに戻る。

1月30日（土）

09：00　朝食ののち、荷物をまとめてホテルを出る。田口氏迎え。
09：30　雪の中、高台の大学に向かう。雪におおわれた野球場の光景。モスクワ大学サドヴニチ学長と朝食。昨夜ブリュッセルから帰ったばかりという。桑野教授同席。学生食堂の一角に小ぎれいなテーブルを準備しておいてくれたことに感謝。テーブルの華やかさは、日本の一流ホテルの朝食を遥かにしのぐ。ヴィデオによる相互授業の提案など、今後の協力を検討。

11：30　アルバート通りを散歩し（風が強く、初めて身を切るような寒さを感じる）日本資本のひとけのないカフェで時間をつぶす。

12：00　「モスクワ独立ラジオ」インタヴィュー。小津のみならず、フランス思想などをめぐって三〇分ほど。ジャーナリストたちの質の高さに驚く（フランス系資本とのこと）。

13：30　エイゼンシュタイン資料館。クレイマン父娘に迎えられる。ごく普通のアパルトマンを改造したもので、遺品がそっけなく置かれているさまに感動。お茶とケーキのもてなしをうける。

15：00　雪の降り積もった裏庭の地下レストランで遅い昼食。快い疲労感。

19：05　モスクワ（シェレメチェヴォ第二）空港発（SU575）。空港職員と桑野教授との悶着五〇ドルで解決。機中では食事もとらず浅い眠り。帰国後、モスクワの田口氏より厳しい寒さが戻ったとの一報。

フランス・スイス出張

（一九九九・五・一九―二七）

5月19日（水）

04：25　AF273 Paris CDG 空港２F着。岡本数理科学研究科長、松浦総合文化研究科教授同行。同便で到着した宮下総合文化研究科教授、学会参加の水村美苗氏（経済学研究科岩井克人教授夫人）と同乗しホテルへ。

05：45　Hôtel de France（102 Bd de la Tour-Maubourg）到着。暗闇に二つの人影あり。Paris 8 大学のジャック・ネフ Jacques

Neefs教授、ピエール・バヤール Pierre Bayard教授（いずれもフランス文学）の早朝の出迎えに驚く。

12：00　晴れ。かなりの暑さ。午前中に本屋での買い物を済ませ、Café des Deux-Magots にて落合付属図書館長ほか調査団一行（Vidéothèque見学の後合流）と落ち合い、軽い昼食（総勢九名）。

13：00　一行Mabillon からメトロで Saint-Denis へ出発。

14：00　Saint-Denis の Paris 8 大学（2 rue de la Liberté）図書館。地下鉄13号線の新たな大学駅の真正面。Neefs教授の出迎えを受ける。館長マドレーヌ・ジュリアン Madeleine Jullien 夫人ほか二名の図書館員の説明約二時間。見学約一時間、スペース豊かな充実した施設があたりの殺伐とした光景を一新したことに驚く。一行満足の模様。

18：30　ホテル着。

19：30　図書館調査団一行七名と夕食（イタリア料理）。岡本研究科長同席。

22：30　ホテル着。疲労ははなはだし。

23：15　Arte放映、蓮實出演の《Takeshi Kitano l'imprévisible》（『北野武神出鬼没』）、疲労で寝入り前半みそこなう。

5月20日（木）

08：25　ロパルス Ropars、バヤール Bayard 両教授ホテル迎え。雨でタクシー見つからず Varenne からメトロで出発。

09：30　Paris 8 大学会議室にてパリ第八大学・ジュネーヴ大学・東京大学 Paris 8-Genève-Todai 共催のシンポジウム《Le Temps des Œuvres — Mémoire et Préfiguration》「作品の時間——記憶と予兆」開会。開会の辞。午前の第一セクションでの発表「不可視性　希少性　効果性——『ボヴァリー夫人』における権力の出現」《Invisibilité

Rareté Efficacité — Manifestation de pouvoir dans *Madame Bovary*》。
13：00　Paris 8サロンで昼食。前回のシンポジウムの発表原稿「勝義の素人性と非正当性——クーデタとオペレッタ・ブッファ」《Amateurisme positif et illégitimité — Un coup d'État et une opérette-bouffe》をメショニック Meschonnic 教授に渡し、出版計画を論じる。
14：00　午後のセクションの司会（予定されていた石田教授延着のため）をもまかされ、疲労募る。
17：45　司会を Neefs 教授に委ね、松浦教授とメトロ13号線で Saint-Denis をあとにする。
18：30　ホテル着。
19：20　ホテルをタクシーで出発。
19：30　駐仏特命全権大使松浦晃一郎大使公邸（31 rue du Faubourg Saint-Honoré）での晩餐。松永元駐米大使、資生堂弦間社長、野上OECD大使ほか。岡本松浦両教授同席。
23：00　ホテル着。

5月21日（金）

10：00　晴れ。暑い。ホテルにハイヤー迎車。シンポジウム第二日を休み、協定校訪問。
11：00　Hôtel Lutetia（45 Bd Raspail）のサロンにて Paris 4大学アントワーヌ・コンパニョン Antoine Compagnon 教授と来年度国際フランス学会の日本特集の打ち合せ。二〇〇〇年七月四–六日の三日間の予定。
13：00　パリ政治学院 Institut d'Études Politiques de Paris（27 rue Saint-Guillaume）で昼食と討論。Fondation Nationale des Sciences Politiques の総裁でアカデミー会員 René Rémond 教授（政治学）の主催。西田公使、Jean-Luc Domenach 学務主任、日本担当の Karoline Postel-Vinay（駒場の国際関係論に留学）など同席。きわめて心

地よい会話がはずむ。AIKOMのこと、東大とScience Poとでロシア問題を共同で研究する提案。
15：30　高等師範学校エコール・ノルマル・シュペリユールÉcole Normale Supérieure（45 rue d'Ulm）訪問。ギュイヨンEtienne Guyon校長（物理学）、メルクーロフWladimir Mercouroff渉外担当（物理学）トレデMonique Trédé文科系教育主任（ギリシャ文学）プチマンジャンPierre Petimengin図書館長（ギリシャ文学）と協定の現状、外国人ノルマリアンの制度、今後の展開について協議。岡本研究科長同席。
17：00　国立高等鉱山学校École Nationale Supérieure des Mines（60 Boulevard Saint-Michel）で同校校長で高等国立専門学校校長会議議長Président des Grandes Ecolesのジャック・レヴィJacques Lévy教授（物性物理）と懇談。前年のフランス国大協との会議のこと、今後の協力関係についてほか。岡本研究科長同席。
18：00　ハイヤーにてホテル着。一日中パリ第三大学のクロッシェAlain Crochet氏から数度連絡とのこと。同氏東京来訪の際には、滞仏中で会えないことを夫人に電話。
20：00　社会科学高等研究院École des Hautes Études en Sciences SocialesのRaymond Bellour教授宅で夕食。映像研究誌《Trafic》の編集会議。成瀬巳喜男特集。東京からの発信問題など。
01：30　タクシーにて帰る。かなりの疲労感。

5月22日（土）

08：45　疲労にもかかわらず、早朝に目覚め。タクシーにてホテル出発。
09：30　日本文化会館Maison de la Culture du Japon（101 bis Quai Branly）の小ホールにて、Paris 8-Genève-Todaiの共催シンポジ

ウム最終日。会場は満員。午前松浦、水村両氏発表し、好評。
13：00　最上階のサロンで日本食の昼食。
14：00　午後のセッション。円卓会議と結論。
18：30　磯村館長挨拶の後、レセプション。
19：30　ラ・トゥール・モーブール街 la Tour-Maubourg のレストランにて、岡本、松浦、石田、セシル坂井、宮下、水村氏らと夕食。シンポジウム参加者たちと初めて時間をかけて討論。
22：30　ホテル着。

5月23日（日）

12：00　午前CNRSのロシュディ・ラシェッド Roshdi Rashed 教授（元本学教授）と電話連絡ののち、Le Thermomètre（Place de la République）にて友人の映画史家ノエル・シムソロ Noël Simsolo の家族と会食。
16：30　シネマテークでの初期西部劇特集観劇の予定を疲労のため変更し、ホテルに戻る。
20：00　Brasserie Lipp にて、学習院卒業生田中氏ほか関係者と会食。
23：30　岡本松浦両教授とメトロ Ecole Militaire 駅前で偶然に会い、Café で深夜まで談笑。

5月24日（月）祝日

08：45　ホテルをチェック・アウトの後、荷物を残し出発。
09：25　オランジュリー Orangerie 美術館にて、Paris 8 主催のモネ『睡蓮』連作鑑賞。開館前の三〇分の特別入館で、空間的な展示のみごとさに感動。
11：00　松浦、水村両氏と Fnac の書店、Bauboug 美術館の売店を尋ねるが閉館。Café de Baubourg で談笑。
12：30　Celluloid Dreams 社（24 Rue Lamartine）に友人の映画作家リモザン Jean-

Pierre Limosin を尋ね、Bd Haussmann の Brasserie で昼食。

15：00　ホテルに戻り、大型タクシーで荷物を Méridien ホテルに預けてから空港へ。岡本松浦両教授同行。

17：20　Paris CDG 空港２Ｆより Genève に向かう（AF2143）。

18：25　Genève 空港着。東大駒宮教授（素粒子物理国際研究センター）の出迎えを受ける。

19：00　Hôtel Du Rhône 着。

20：00　ホテルのレストランにてスイス連邦工科大学ローザンヌ校 École Polytechnique Fédérale de Lausanne 学長ジャン＝クロード・バドゥ Jean-Claude Badoux 博士（工学）と晩餐。岡本松浦教授同席。一〇月一八日の東大訪問の意向。

5月25日（火）

08：45　ホテルに欧州原子核研究機構 CERN より迎車。岡本松浦両教授同行。

09：00　CERN 本部ビルに到着。

09：15　五階会議室で所長マイアニ Maiani 氏 Cashmore 氏による歓迎と概括説明。

10：00　第６点へマイクロバスで移動。

10：25　Opal 実験計画見学。駒宮教授説明。

11：15　887 ビルへマイクロバスで移動。

11：35　LHC 見学。Evans 氏説明。

12：15　157 ビルへマイクロバスで移動。

12：25　Antiproton Decelerator 施設 ASACUSA 等見学。Eades 氏、本学理学系客員研究員 Eberhard Widmann 氏ほかの説明。減速実験による反物質の究明。

12：50　60 ビルへマイクロバスで移動。

13：00　Glass Box 第一特別食堂で所長主催の昼食。Cashmore 氏、Jenni 氏、Robin 氏、駒宮教授など同席。Manchester United の逆転優勝にサーヴィスのボーイたち興奮。東大グループの活躍に高い評価。日本（名古屋大学グループをも含めた）としての Manifestation の必要性を実感。

14：00　マイクロバスで CERN を後にする。

14：30　ホテルに戻る。胃腸の状態最悪で休息。

19：45　Genève 大学文学部長シャルル・メラ Charles Méla（フランス中世文学）教授ホテルに出迎え。

20：00　Restaurant le Lyrique で Genève 大学主催の晩餐。岡本松浦両教授同席。次期文学部長 Genequand（イスラム文学）教授、渉外担当 Bohren 夫人、二宮教授（東大出身）同席、ジュネーヴ総領事桂誠氏同席。Todai-Paris 8-Genève の共催シンポジウム次回開催を Genève とする方向で検討。

22：30　徒歩でホテル着。胃腸の調子悪し。

5月26日（水）

08：45　朝食時に岡本氏に会い、胃腸の状態悪く、午前中休むことを打ち合わせる。岡本松浦両氏自由行動。

12：00　ホテルをチェック・アウト。薬局で薬を調合してもらう。昼食をとらずにバーで休息。

14：00　タクシーでホテル発。

16：30　Genève 空港発（AF2143）。

17：35　Paris CDG 空港２F着。

18：30　シャトル・バスで Le Méridien Montparnasse に到着。

20：00　Chez Pierre で《Le Monde》紙文化部映画部長のフロドン Jean-Michel Frodon 氏と夕食。秋に東京で行う占領下のフランス映画特集の打ち合わせ。

23：00　ホテル着。

5月27日（木）

09：45　岡本教授とタクシーにてホテル出発。

10：30　フランス国立科学研究センター（2

rue Michel-Ange) Centre National de la Recherche Scientifique本部で総裁のブレシニャック Catherine Bréchignac 教授（物理学）と協定書の内容について懇談。日本担当の Program maneger の Flora Gheno 氏同席。東京での再会を約す。

11：45　16区をぶらついた後タクシーにてホテル着。

12：15　Le France にて昼食。岡本松浦教授同席。

13：00　大型タクシーにて両教授とホテル発。

16：05　Paris CDG 空港発（AF288）。

学術文庫版へのあとがき

『齟齬の誘惑』（東京大学出版会、一九九九）が学術文庫に収められるにあたって、それを形成しているテクスト類の書かれた時期のことをちょっぴり——ほんのちょっぴり——思い起こしてみると、かつて大学行政の責任者でもあったわたくしの書いた書物が、『知性のために——新しい思考とそのかたち』（岩波書店、一九九八）と『私が大学について知っている二、三の事柄』（東京大学出版会、二〇〇一）等々、計三冊も存在していたことに改めて驚かされる。これは、東京大学の総長という地位にあったわたくしが、その職責を思いのほか本気にはたしていたことを告げているからである。フランス文学者であり映画評論家でもあるわたくしは、退職以後、大学ときっぱり関係を断つ覚悟で、入学式の式辞なり祝辞なり来賓挨拶なりを、そのつど真剣かつ真摯に書いていたということができようかと思う。本来なら、式辞や祝辞や挨拶など、恥ずかしくない言葉である限り、ほぼ適当なもので切り抜けられる。だが、わたくしは、「適当」であることだけは回避し、そのテクストを、そのつど、「適当」以上の、あるいは「適当」さからは思いきり遠い言葉に仕立てあげようと腐心していたのである。

その点をめぐって、ある国立大学での式典で来賓挨拶を終えた日の晩、文部省（当時）のさる高官から、思いがけない話を聞き、おやおやと思ったことがある。当時の文部大臣――いまは亡くなられたが、かろうじて話の通じる数少ない大臣の一人だった――が、部下の官僚たちに向って、お前たち――といったかどうかはともかく、そうした雰囲気が伝わってくる言葉遣いだった――は、どうして、俺の直後に話した蓮實総長の挨拶のような意義深くも気のきいた式辞を書けないのかとなじったという。つまり、多くの大臣がそうであるように、出席する式典で読みあげる挨拶文を誰もが役人たちに書かせていたわけだ。大臣の言葉に接したまわりの者たちは、ひたすらうなだれていたとも聞いたのだが、それはそうかもしれぬと思う。何しろこちらは言葉の専門家であり、書くことに関しては半世紀におよぶ実績もある個体だが、こと文部省の官僚たちはといえば、かりに秀才だったとしても、そもそも式辞など「適当」に書けばよいと思っているのだろうから、気のきいた言葉など書けようはずもない。気のきいた文章を書くには、その長さにうんざりするような式辞さえ堂々と書けねばならないからである。

数年間にわたって、この書物に収められたような式辞ばかりを書くことにいわば「生」を賭けていたわたくしは、その必要が無くなって以降、『「赤」の誘惑――フィクション論序説』（新潮社、二〇〇七）を皮切りに『「ボヴァリー夫人」論』（筑摩書房、二〇一四）のような散文のフィクションをめぐる書物を書きあげ、『ゴダール　マネ　フーコー――思考と感性とをめぐる断片的な考察』（ＮＴＴ出版、二〇〇八）に始まる映画論の系譜を『ジョン・フォード論』（文藝春秋、二〇二二）でひとまず締め括り、その間、『伯爵夫人』（新潮社、二〇一六）といった不穏なフィクションまで刊行してしまったのだが、そうしたその後の書物を書くことが、『齟齬と誘惑』を書くこととといささかも無縁の振る舞いではなかったという意味で、これはひとまず読まれるに値いする書物だといえようかと思う。前世紀の終わりの日本の知的かつ文化的な風土を知る意味でも、この書物の文庫化にはそれなりの意味がそなわっていたと確信したい。最後に、文庫化を提案された講談社の栗原一樹さんに、深い感謝を捧げる。

二〇二二年九月一〇日

著者

本書の原本は、一九九九年に東京大学出版会より刊行されました。

蓮實重彦（はすみ　しげひこ）

1936年，東京都生まれ。東京大学仏文学科卒業。パリ大学にて博士号取得。東京大学教授を経て，東京大学第26代総長。仏文学者，映画批評家，文芸批評家，小説家。『反＝日本語論』で読売文学賞，『凡庸な芸術家の肖像』で芸術選奨文部大臣賞，『伯爵夫人』で三島由紀夫賞を受賞。その他の著書に『夏目漱石論』『表層批評宣言』『監督 小津安二郎』『「ボヴァリー夫人」論』『ジョン・フォード論』などがある。

講談社学術文庫

定価はカバーに表示してあります。

齟《そ》齬《ご》の誘惑《ゆうわく》

蓮《はす》實《み》重彦《しげひこ》

2023年３月７日　第１刷発行

発行者　鈴木章一
発行所　株式会社講談社
東京都文京区音羽 2-12-21 〒112-8001
電話　編集（03）5395-3512
販売（03）5395-4415
業務（03）5395-3615
装　幀　蟹江征治
印　刷　株式会社 KPS プロダクツ
製　本　株式会社国宝社
本文データ制作　講談社デジタル製作

ISBN978-4-06-531290-2

「講談社学術文庫」の刊行に当たって

これは、学術をポケットに入れることをモットーとして生まれた文庫である。学術は少年の心を養い、成年の心を満たす。その学術がポケットにはいる形で、万人のものになることは、生涯教育をうたう現代の理想である。

こうした考え方は、学術を巨大な城のように見る世間の常識に反するかもしれない。また、一部の人たちからは、学術の権威をおとすものと非難されるかもしれない。しかし、それはいずれも学術の新しい在り方を解しないものといわざるをえない。

学術は、まず魔術への挑戦から始まった。やがて、いわゆる常識をつぎつぎに改めていった。学術の権威は、幾百年、幾千年にわたる、苦しい戦いの成果である。こうしてきずきあげられた城が、一見して近づきがたいものにうつるのは、そのためである。しかし、学術の権威を、その形の上だけで判断してはならない。その生成のあとをかえりみれば、その根は常に人々の生活の中にあった。学術が大きな力たりうるのはそのためであって、生活をはなれた学術は、どこにもない。

開かれた社会といわれる現代にとって、これはまったく自明である。生活と学術との間に、もし距離があるとすれば、何をおいてもこれを埋めねばならない。もしこの距離が形の上の迷信からきているとすれば、その迷信をうち破らねばならぬ。

学術文庫は、内外の迷信を打破し、学術のために新しい天地をひらく意図をもって生まれた。文庫という小さい形と、学術という壮大な城とが、完全に両立するためには、なおいくらかの時を必要とするであろう。しかし、学術をポケットにした社会が、人間の生活にとってより豊かな社会であることは、たしかである。そうした社会の実現のために、文庫の世界に新しいジャンルを加えることができれば幸いである。

一九七六年六月

野間省一

村井　実全訳・解説
アメリカ教育使節団報告書
戦後日本に民主主義を導入した決定的文献。臣民教育を否定し、戦後の我が国の民主主義教育を創出した不朽の原典。本書は、「戦後」を考え、今日の教育問題を考える際の第一級の現代史資料である。

253

夏目漱石著（解説・瀬沼茂樹）
私の個人主義
文豪夏目漱石の、独創的で魅力あふれる講演集。漱石の根本思想である近代個人主義の考え方を述べた表題作を始め、先見の明に満ちた『現代日本の開化』他、『道楽と職業』『中味と形式』『文芸と道徳』を収める。

271

佐藤一斎著／川上正光全訳注
言《げん》志《し》四《し》録《ろく》（一）～（四）
江戸時代後期の林家の儒者、佐藤一斎の語録集。変革期における人間の生き方に関する問題意識で貫かれた本書は、今日なお、精神修養の糧として、また処世の心得として得難き書と言えよう。（全四巻）
274～277

吉田松陰《しょういん》著／近藤啓吾全訳注
講《こう》孟《もう》箚《さっ》記《き》（上）（下）
本書は、下田渡海の挙に失敗した松陰が、幽囚の生活の中にあって同囚らに講義した『孟子』各章に対する彼自身の批判感想の筆録で、その片言隻句のうちに、変革者松陰の激烈な熱情が畳み込まれている。

442・443

宇《う》野《の》哲《てつ》人《と》著（序文・宇野精一）
論語新釈
「宇宙第一の書」といわれる『論語』は、人生の知恵を滋味深く語ったイデオロギーに左右されない不滅の古典として、今なお光芒を放つ。本書は、中国哲学の権威が詳述した、近代注釈の先駆書である。

451

下村湖人《こじん》著（解説・永杉喜輔）
論語物語
『論語』を心の書として、物語に構成した書。人間味あふれる孔子と弟子たちが現代に躍り出す光景が、みずみずしい現代語で描かれている。『次郎物語』の著者の筆による、親しみやすい評判の名著である。

493

人生・教育

菅野覚明・栗原　剛・木澤　景《けい》・菅原令子訳・注・校訂
新校訂　全訳注　**葉隠（上）（中）（下）**

「武士道と云ハ死ヌ事と見付たり」――この言葉で知られる『葉隠』には、冒頭に「追って火中すべし」（燃やしてしまえ）と指示がある。本文の過激さと思想的深さを、懇切な訳・注とともに贈る決定版！（全3巻）

2448〜2450

顔之推著／林田愼之助訳
顔氏家訓

王朝の興亡が繰り返された乱世の古代中国を生き抜いた名門貴族が子孫に書き残した教えとは。家族の在り方、教育、養生法、仕事、死をめぐる態度まで、人生のあらゆる局面に役立つ英知が現代語で甦る！

2476

宇野精一訳注
孟子　全訳注

王の正しいあり方、人として心がけること、なしてはならぬこと、理想の国家、性善説――『大学』『中庸』『論語』と並び「四書」の一つとされ、儒教の教えの根幹を現代まで伝える必読書を、格調高い現代語訳で。

2534

浅見絅斎著／近藤啓吾訳注
靖献遺言《せいけんいげん》

江戸前期、山崎闇斎学派の朱子学者が発表した、中国の忠臣義士八人の遺文と評論。君命とあらば命も惜しまぬ強烈な在り方を伝え、吉田松陰、橋本景岳ら勤皇の志士たちの思想形成に重大な影響を与えた魂の書。

2535

ラ・ロシュフコー著／武藤剛史訳（解説・鹿島茂）
箴言集

十七世紀フランスの激動を生き抜いたモラリストが、人間の本性を見事に言い表した「箴言」の数々。鋭敏な人間洞察と強靱な精神、ユーモアに満ちた短文が、自然に読める新訳で、現代の私たちに突き刺さる！

2561

劉《りゅう》　向《きょう》著／池田秀三訳注
説苑《ぜいえん》

前漢の大儒・劉向の編纂になり、皇帝の教育用の書として作られた故事説話集の全訳が文庫に。本書には精選された九十五を収録。「君子の徳は風」「忠臣は君に殉ぜず」など、君と臣のあり方や、身の処し方を説く。

2589